Reiner Vog

111 Orte in Regensburg, die man gesehen haben muss

Mit Fotografien von Maximilian Raab

emons:

Bibliografische Information der Deutschen Nationalbibliothek
Die Deutsche Nationalbibliothek verzeichnet diese Publikation in der Deutschen Nationalbibliografie; detaillierte bibliografische Daten sind im Internet über http://dnb.d-nb.de abrufbar.

MIX
Papier aus verantwortungsvollen Quellen
FSC® C010135
FSC www.fsc.org

Gestaltung: Eva Kraskes, nach einem Konzept
von Lübbeke | Naumann | Thoben
Kartografie: altancicek.design, www.altancicek.de
Wald- und Siedlungsflächen: OpenStreetMap
Druck und Bindung: B.O.S.S Druck und Medien GmbH, Goch
Printed in Germany 2013
ISBN 978-3-95451-054-2
Originalausgabe

Vorwort

Jeder Regensburger und beinahe jeder Tourist kennt die Wahrzeichen der Stadt: Der gotische Dom St. Peter steht platzgreifend inmitten der Altstadt, die Steinerne Brücke ist ein überragendes Baudenkmal des Mittelalters, das Alte Rathaus war weithin gerühmter Sitz des Ständigen Reichstages.

Regensburg ist überreich an Monumenten, Bürgerhäusern, nicht zuletzt an Kirchenbauten. Goethe wird der Satz zugeschrieben: »In der Stadt steht Kirche gegen Kirche und Stift gegen Stift.« Dieser Umstand und die Reichsfreiheit haben natürlich den Charakter der Stadt und ihrer Bewohner geprägt.

Dennoch sind es auch die kleineren Geschichten und die unbekannteren Bauten, die den Charme der italienisch anmutenden Stadt ausmachen. Etwa dass ein Gänsepredigerbrunnen im Bischofshof vor listigen Mönchen warnt. Der Eiserne Steg ist die Liebesbrücke der Stadt – und ganz in der Nähe gilt der Herzogspark gar als »Insel« für erste Zweisamkeit. Der »Leere Beutel« zeigt zeitgenössische Kunst, die Orgel in der Minoritenkirche klebt wie ein Schwalbennest an der Wand, das Thon-Dittmer-Palais ist ein prächtiger Kulturraum im Herzen der Altstadt. In der Hoppestraße steht eine prächtige Villa, in der einstmals das erste Telefon der Stadt installiert wurde. Amüsante und nachdenklich machende Geschichten bietet Regensburg in Hülle und Fülle – man sollte nur gespannt Augen und Ohren aufmachen.

Dies gilt beispielsweise auch für den Stadtbezirk Stadtamhof: Hier empfängt der Brückenbasar mit südländischem Flair, und der Andreas-Stadel ist ein multiples Haus der Kultur.

Auch ins Umland soll der Bogen gespannt werden. Sie lernen liebenswerte Orte in einem Umkreis von etwa 40 Kilometern um Regensburg kennen – das reizvolle Kallmünz etwa oder auch das Tangrintel, einen bewaldeten Höhenrücken bei Hemau.

Machen Sie sich also auf zu einer anregenden Reise zu 111 Orten in Regensburg und im Umland, auf die Sie neugierig sein dürfen.

111 Orte

1 Der etwas versteckte Kunstweg

Mauerskulpturen in historischem Umfeld

Der Innenbereich von Abensberg ist vorbildlich saniert, der Maderturm der Stadtmauer nach wie vor das Wahrzeichen. Seit 2012 gibt es aber zusätzlich einen außergewöhnlich reizvollen Kunstweg, der den Bereich am Stadtgraben ungemein bereichert. Links von diesem Weg säumen die behutsam sanierten Bürgerhäuser den Weg – einfache und prächtige, eingezwängte und auch »aufmüpfige«. Rechts dann würden die Mauerreste den Blick erheblich verkürzen – wären da nicht die mit ausgesuchter Sensibilität installierten Kunstwerke.

Nichts ist marktschreierisch dabei, angeberisch schon gar nicht. In der Nische eines der Stadttürme verblüfft etwa »Warten auf den Spargel« von Ursula Merker. Auf einem gedeckten Tisch mit schiefer Ebene fehlt nur noch das Edelgemüse, das rund um Abensberg angebaut wird. Besteck, ein Kronleuchter, Trinkgefäße – es ist ansonsten alles bereit für den zu erwartenden kulinarischen Genuss. Ein paar Meter weiter – immer noch die Mauerreste als Wegweiser – »Drache und Ritter« von Jürgen Ummenhofer. Die Körper der Figuren sind aus vielen kleinen Dreiecken in verschiedenen Größen gefertigt – insgesamt sind sechs Quadratmeter Blech verarbeitet. Die Überraschung in diesem Bereich wird noch ergänzt durch den direkten Blickkontakt zu einem neuen Bauwerk, das in jüngerer Zeit die Interessierten busweise nach Abensberg lockt: der Hundertwasserturm bei der örtlichen Kuchlbauer-Brauerei.

Dieser noch vom österreichischen Künstler Friedensreich Hundertwasser selbst entworfene Turm wächst zu einer neuen Dominante von Abensberg heran. Über seinen Sinn in diesem Teil der niederbayerischen Landschaft ist gut streiten – vom Kunstweg am Stadtgraben aus gesehen ist er auf jeden Fall nicht nur ungewöhnlich, sondern die Kombination von alter Mauer, regionaler Kunst und überregional beachtetem Spektakel ist geradezu einmalig.

Adresse Am Stadtgraben, 93326 Abensberg | **Pkw** A 93, Ausfahrt Abensberg, Richtung Stadtmitte, nach Kreisverkehr in Am Stadtgraben, Parkplätze sind vorhanden | **Tipp** Im Stadtmuseum Herzogskasten gibt es einen interessanten Einblick in die 1.000-jährige Geschichte von Abensberg. Infos unter museum@abensberg.de.

2 Die tönende Musikakademie

Klangfülle auf dem Lande

Seit 1835 war das Barockschloss Alteglofsheim mit weitläufigem Park unter anderem in den Händen der Fürsten von Thurn und Taxis gewesen, als es vom Freistaat Bayern Anfang der 1970er Jahre erworben wurde. Träger der heutigen Einrichtung ist der kommunale »Zweckverband Bayerische Musikakademie Alteglofsheim«. Entstanden ist eine zentrale Ausbildungsstätte für Musik, Kunst und Kultur in Ostbayern. Junge Menschen aus allen Bereichen der Popularmusik und Pädagogik bekommen hier ihr musikalisches Rüstzeug.

Das Zentrum der Anlage ist ein Altbau mit einem mächtigen Bergfried aus dem frühen 14. Jahrhundert. Zahlreiche Anbauten der Reichsgrafen von Königsfeld im 17. und 18. Jahrhundert formten aus dem Schloss einen der eindrucksvollsten Adelssitze des späten Barock in Süddeutschland. Im Ostteil tritt auffällig ein Mittelrisalit aus der Schlossfassade hervor – hier lockt im Ovalsaal das Asam-Salettl zum Besuch. Geschaffen haben diesen ehemaligen gräflichen Frühstücksraum die teuren, aber sehr nachgefragten Künstlerbrüder Egid Quirin und Cosmas Damian Asam.

Das Deckenfresko mit dem Apoll auf dem Sonnenwagen ist eines ihrer Meisterwerke im altbayerischen Raum. Daran schließen sich die acht sogenannten Schönen Zimmer auf der Südseite des Schlosses mit eleganten Stuckdecken nach französischem Vorbild an. Die an das Schloss angebauten, modernen Seminarräume der Musikakademie und der Konzertsaal bilden schließlich eine imposante Vierflügelanlage. Besonders sehenswert ist auch der wie aus der Zeit genommene Schlosspark. Er wird von einem offenen Graben durchzogen und umschließt den südöstlichen Teil des Gesamtkomplexes. Der Park ist insgesamt gut 30.000 Quadratmeter groß und geprägt durch seinen reichen Baumbestand von Eichen, Buchen oder auch Eschen. In einem abgezirkelten Bereich liegt ein Schaugarten nach englischem Vorbild mit sternförmig angeordneten Wegen.

Adresse Am Schloßhof 1, 93087 Alteglofsheim | **ÖPNV** mit den RVV Linien 21 oder 24 nach Alteglofsheim, Haltestelle Am Schloßhof | **Pkw** B 15, Ausfahrt Alteglofsheim, der Beschilderung Musikakademie folgen, Am Schloßhof, Parkplätze vorhanden | **Tipp** Einmal im Monat finden musikhistorische Schlossführungen statt (jeweils sonntags um 15 Uhr). Die Besichtigungsroute führt dabei auch durch den Asamsaal und die »Schönen Zimmer«.

3 Der Flugplatz Wallmühle

Einmal »über die Wolken« und zurück

Flugbegeisterte Straubinger trieben seit den 1960er Jahren die Idee voran, auf einigen Wiesengrundstücken bei Atting – bei der »Wallmühle« – zunächst einen Segelflugbetrieb zu etablieren. Bei der Planierung half hemdsärmlig die Bundeswehr mit Pioniersoldaten.

Es dauerte nicht lange, bis eine Piper den Motorflug im Straubinger Land einleitete.

Heute gibt es nach den Angaben der Betreiber jährlich 22.000 Starts und Landungen. Von den 60.000 Passagieren sind die Hälfte Geschäftsreisende aus und nach Niederbayern und in die Oberpfalz. 200 Menschen finden mittlerweile rund um den Flugplatz ihr Auskommen.

Auf dem überschaubaren Flughafengelände ist abseits jeglicher Anonymität alles vorhanden, was einen (Klein-)Flughafen ausmacht: ein ins Gäubodenland hineinragender Tower, zehn Maschinenhallen, ein Restaurant mit Hotelbetrieb gar. Von der Aussichtsterrasse aus lassen sich Landschaft und Flughafenbetrieb gut beobachten. Technikfreaks erfahren, dass in Wallmühle Flugzeuge bis zur Größe von kleineren Regionaljets fachgerecht gewartet und repariert werden können. Der Flugplatz wurde damit zum Verkehrslandeplatz der Klasse 1 qualifiziert und gehört somit zu den Top-Landeplätzen in Bayern. Je eine Flugschule für Motor- und Segelflug ergänzen das Angebot.

Der Flugplatz Wallmühle ist ein attraktives Ausflugsziel für vielseitig interessierte Zeitgenossen. Zusätzlich gibt es aber auch noch die Möglichkeit, sich selbst in eine der Maschinen zu setzen und im Sinne von Reinhard Mey die grenzenlose Freiheit über den Wolken zu genießen. Natürlich nicht gleich selbst als Pilot – so weit geht der Service auch wieder nicht. Der Fliegerclub Straubing bietet aber Rundflüge über die Stadt und den Landkreis Straubing-Bogen an. Der freie Blick über eine immer noch landwirtschaftlich geprägte niederbayerische Kulturlandschaft lässt den Alltag für einige Zeit vergessen.

Adresse Flugplatzstraße 2, 94348 Atting | **Pkw** Sie erreichen den Flugplatz entweder über die A3 (Nürnberg–Passau), die B8 (Regensburg–Passau) oder die B20 (Cham/Furth i. Wald–Burghausen); ab den Ausfahrten den Schildern folgen. | **Tipp** Fahren Sie in die Innenstadt der Herzogstadt Straubing: Das Café Krönner am Theresienplatz bietet die berühmte Agnes-Bernauer-Torte.

4 Der Baierwein

Rarität aus einem winzigen Weinanbaugebiet

Überregional bekannt ist er nicht, der Baierwein, traditionsreich allerdings schon, bekömmlich allemal. Er heißt heute übrigens Regensburger Landwein. Das Kernanbaugebiet zieht sich östlich von der Walhalla in Richtung Straubinger Hinterland. Die Donausüdhänge schwingen sanft, die Brüche im Gesamtbild sind moderat, der begleitende, ausgebaute Strom wirkt behäbig.

Man kann bequem wandern in dieser naturbelassenen Gegend, eine Einkehr in den Weinstuben an der teilweise schmalen Staatsstraße ist sehr empfehlenswert. Neben den schmackhaften Brotzeiten lockt natürlich der Baierwein respektive der Landwein. Der Weinbau im Großraum Regensburg hat nach der geschichtlichen Überlieferung bereits in der Römerzeit begonnen. Neben anderen wurden dann im 8. Jahrhundert die Orte Kruckenberg und Bach an der Donau als Stätten des Weinbaus erwähnt.

Die Abfüllmengen des Baierweins waren nie bedeutend, der Rebensaft selbst wurde vorwiegend vom einfachen Volk konsumiert. Auch der Eigenverbrauch der Klöster und Herrensitze spielte natürlich eine Rolle – eine nicht unbeträchtliche, so wird berichtet.

Zum nennenswerten Export von der nahen Regensburger Weinlände aus reichte es auch wegen der starken Konkurrenz aus klassischen Regionen allerdings nicht. Im 16./17. Jahrhundert kam auch noch das bayerische Bier als Konkurrenz hinzu. Bevor es in die Bedeutungslosigkeit ging, wurde Anfang des 20. Jahrhunderts auf die neu gezüchtete Rebsorte Müller-Thurgau umgestellt.

Erst in den 1970er Jahren stieg durch den allmählich beginnenden Tourismus in der malerischen Gegend die Nachfrage. Die inzwischen anerkannte Bezeichnung »Regensburger Landwein« brachte den weiteren Erfolg. Nicht zuletzt wurde 2008 im ehemaligen Biethaus von Bach an der Donau das BaierWeinMuseum eröffnet. Zentraler Bestandteil des Hauses ist eine der ältesten Weinpressen Deutschlands aus dem Jahr 1615.

Adresse BaierWeinMuseum, Hauptstraße 1a, 93090 Bach an der Donau | **Pkw** A 3, Ausfahrt Wörth a. D., Richtung Wiesent, Bach a. D., Parkplätze in der Nähe des Museums vorhanden. | **Öffnungszeiten** Mai–Sept. So 14–17 Uhr | **Tipp** Nach dem Museumsbesuch sollten Sie die Walhalla hoch über Donaustauf ansehen. Hier sind die Büsten von verdienten Persönlichkeiten deutscher Sprache ausgestellt.

5 Der Heinrichsturm

Des Kaisers Lieblingsort

Zur Römerzeit war auf dem Burgberg ein befestigtes Lager. Von hier aus galt es, die Donau und den Weg von Regensburg nach Eining zu bewachen. Dann kamen die Bajuwaren, und noch später – im 10. Jahrhundert – saß hier auf der trutzigen Burg der Bayernherzog Heinrich II., genannt der Zänker. Auf dessen Sohn wiederum, den späteren Kaiser Heinrich II., geht der Name des 27 Meter hohen Turmes zurück. Heinrich wurde auch »der Heilige« genannt. Kein Wunder, sein Erzieher war der tatsächlich heiliggesprochene Bischof Wolfgang von Regensburg gewesen. Heinrich erhob seine geliebte Burg zur kaiserlichen Pfalz.

Die weitere Geschichte war so verquer, wie es immer wieder vorkam. Schenkungen, Zerstörungen, Wiederaufbau, weitere Fehden, Verfall. Letztendlich steht heute noch der Heinrichs- beziehungsweise Hungerturm. Diese Bezeichnung geht auf eine Belagerung der Stadt Regensburg Ende des 13. Jahrhunderts zurück. 400 Regensburger Bürger zogen, von Hunger und Not angetrieben, nach Abbach und brannten Ort und Burg nieder. Nur der Heinrichsturm blieb erhalten – so weiß es die Ortsgeschichte zu berichten.

Heute sind von der ehemals mächtigen Ringmauer Teilstücke erhalten. In einer sachkundigen Grabungsaktion von 1980 wurden die Grundmauern des ehemaligen Pflegerhauses rekonstruiert. Der Platz vor dem Turm ist Endpunkt eines vom Ortszentrum aus steil ansteigenden Weges. Der Turm steht frei – die Waldlandschaft ist zurückgedrängt. Die Gesamtanlage ist sehr gepflegt und wird der Bedeutung des geschichtsträchtigen Ortes gerecht. Eine Tafel am Turm liefert knappe Informationen. In zehn Metern Höhe ist eine rundbogige Einstiegsöffnung, zu der man früher über eine Holzleiter gelangte. Heute führt eine moderne, allerdings stimmige Aluminiumleiter zum Zugang. Der Aufstieg führt in zwei übereinanderliegende, achteckige Gewölberäume, von denen aus der Rundblick über den Donauraum bis nach Kelheim reicht.

Adresse Schloßbergweg, 93077 Bad Abbach | **ÖPNV** von Regensburg Hauptbahnhof Bus 16 Richtung Bad Abbach, Haltestelle Ortszentrum | **Pkw** A 93, Ausfahrt Bad Abbach, Richtung Ortsmitte, Parkplätze im Ortszentrum sind ausgeschildert. | **Tipp** Nahe Bad Abbach wurde eine Villa Rustica, ein Gutshof aus der Römerzeit, freigelegt. Ein interessanter Ausflug in eine vergangene Zeit.

6 Der Kurpark

Zwergziegen, weite Gehwege und eine Trinkhalle

Besonders an den Nachmittagen ist im weitläufigen, naturnahen Kurpark von Bad Abbach eine bunte Mischung von Menschen unterwegs. Hier sitzt ein älteres Pärchen auf einer der Bänke – er hat den Weg dorthin mit Krücken zurückgelegt, sie betrachtet während des Gesprächs nebenbei die sattgrünen Wiesen sowie die reichlich hinzukomponierten Blumenrabatten.

Nicht weit entfernt flaniert ein Liebespaar, mittendrin ziehen Kinder ihre Eltern ungeduldig zum Streichelzoo. Untermalt ist dieses Bild im Idealfall von den Klängen des im etwas erhöhten Pavillon musizierenden Kurorchesters. Einfach nur lauschen – oder: vielleicht sogar ein Tänzchen wagen?

Der Bad Abbacher Kurpark wurde 2010 vollständig saniert und schließt sich auf einer Fläche von etwa zwei Hektar unmittelbar an das Kurhaus und die Asklepios-Kliniken an. Er ist bestens geeignet zum Entspannen oder auch zum Lernen – etwa im Hildegard von Bingen-Garten. Feste Anlaufstelle ist beim Rundgang auf gut ausgebauten Wegen die Trinkhalle mit dem (allerdings faulig stinkigen) Schwefelwasser. Daneben gibt es Bewegungsgeräte für jedes Alter sowie viel genutzte Minigolf- oder Großschachangebote.

Hauptanziehungspunkt ist und bleibt aber das Tiergehege mit Ponys, Damwild, Gänsen und Hasen. Diese Tierwelt nennt sich Streichelzoo – und genauso ist es auch gemeint. Die Kinder sind begeistert – und anschaulich sinnvoll beschäftigt. Sie können auch mit einem kleinen Pferdegespann durch Teile des Kurparks kutschieren. Das ehemalige Vogelhaus am Rande des Kurparks ist zu einem mittlerweile etablierten Kulturbereich gewachsen. Ausstellungen von regionalen Künstlern und Konzerte können hier in der Umgebung von exotischen Pflanzen zu einem mehrdimensionalen Erlebnis werden. Und sollte es doch einmal regnen: Der vollständig überdachte Arkadengang am Eingang des Kurparks bietet jederzeit einen geeigneten »Unterstand«.

Adresse Kaiser-Karl-V.-Allee 5, 93077 Bad Abbach | **Pkw** A 93, Ausfahrt Bad Abbach, Beschilderung »Kurzentrum« folgen, Parkmöglichkeiten am Kurpark | **Tipp** Auf dem Minigolfplatz erwartet Sie ein kurzweiliger Parcours. Ein Vergnügen für Alt und Jung.

7 Der Skulpturenweg

Europa als dauerhafter Gast

Beratzhausen macht auf Kultur. Eine Heimstatt dafür ist im zentralen Schlosshof der historische Zehentstadel. Musste hier früher mit zusammengebissenen Zähnen an den Grundherrn die Steuer in Naturalien abgeliefert werden, so ist hier jetzt Kultur »eingelagert«: Eine Bibliothek, Ausstellungsräume, ein Konzertsaal. Volksmusik und Jazz fühlen sich gleichermaßen zu Hause. Damit nicht genug. Vielmehr stehen entlang der träge vorbeifließenden Laaber zum Teil bizarre Steinskulpturen, die bei örtlichen Bildhauersymposien von durchaus überörtlichen Künstlern geschaffen wurden. Entstanden ist ein beachtenswerter Kunstwanderweg, den man auf dem flachen Land in einem 5.000-Einwohner-Ort nicht ohne Weiteres erwartet. Die bisher über 20 Skulpturen lenken das Auge des Besuchers auf angenehme Weise von einigen Hangbauten ab, die nicht eben »landschaftsgebunden« wirken. Zwei Wandermöglichkeiten gibt's vom Johann-Ehrl-Platz im Ortskern aus, um Kultur und Natur zu verbinden.

Im Norden geht es über den Kreuzweg zum Mariahilfberg – »Schrein der blauen Lilie« oder auch »Haus Europa« heißen die wartenden Skulpturen. Auf dem Südweg gibt's ein »Das Quadrat schläft«. Die angegebenen Namen der Künstler sind meist osteuropäisch. Kunstschaffende aus Ungarn, Rumänien, Serbien – aber natürlich auch aus Frankreich oder Deutschland waren und sind Gäste der regelmäßigen Symposien in Beratzhausen.

Hier hat sich eine regelrechte Szene entwickelt. Die dabei entstandenen Werke sollten im Ort verbleiben – dies war und ist die Grundidee des Kunstwanderwegs oder auch Skulpturenparks. Das ungewöhnliche Unternehmen wurde 1992 von kreativen »Kulturkümmerern« vor Ort gestartet. Begrenzt ist es weder thematisch noch zeitlich – eine ausgezeichnete Aussicht also für die Weiterentwicklung des Skulpturenparks in Beratzhausen. Die bisherige Resonanz ist auf jeden Fall mehr als ermutigend: Europe meets Beratzhausen.

Adresse Ortseingang von 93176 Beratzhausen | Pkw A3, Ausfahrt Laaber, Richtung Beratzhausen, Parkplätze gegenüber vom Skulpturenweg | Tipp Zur Burgruine Ehrenfels im Gemeindegebiet führt ein gut erschlossener Wanderweg. Der Blick reicht ins reizvolle Tal der Schwarzen Laaber.

8 Das alte Spital mit neuem Leben

Ein Dorf schafft sich Raum

Was da am südlichen Rand von Brennberg über die Jahre hinweg vor sich hin gammelte, das war für manche Ortsbewohner schon eine Schande. Abbröckelnder Außenputz und morsche Fensterrahmen, ein löchriges Walmdach und Einlagerungen vom Bauhof der Gemeinde: »Der alte Krempl muss weg«, forderten nicht wenige der Einheimischen.

Andere argumentierten zuerst zögernd dagegen, sprachen dann von historischer Bausubstanz sowie wünschenswerter Sanierung – und die Bewahrer setzten sich allmählich durch. Es dauerte allerdings mehr als sechs Jahre, bis aus der Bruchbude Armenhaus ein überaus liebenswertes Kleinod der Oberpfälzer Vorwaldlandschaft wurde. Die örtlichen Meinungsverschiedenheiten haben letztlich zu einem mittlerweile von allen respektierten Ergebnis geführt:

Das ehemalige Spital von Brennberg ist seit September 2007 voller Leben. So laden im Erdgeschoss zwei Gasträume als »Probierstuben« zu regionalen Spezialitäten ein. Brennberger Wirtsleute, die örtlichen Metzger und Bäcker bieten luftgetrocknete Salami oder Nussberger-Törtchen an, dazu Bier aus der Region, Regensburger Land-Apfelsaft oder Biowein sowie Kaffee, mit dem ganz nebenbei auch Bäuerinnen in Honduras gefördert werden. Trinkwasser kommt in Karaffen kostenlos auf den Tisch.

Über die Treppenstufen hinauf geht's in den ersten Stock, wo ein Laden eingerichtet wurde. Der Besucher kann sich Kunsthandwerk ansehen und natürlich auch günstig kaufen. Darüber hinaus warten kulinarische Spezialitäten auf Kunden. Marmeladen und Liköre etwa, Kräftiges vom Metzger ebenfalls. Im Dachgeschoss finden Ausstellungen und kleinere Veranstaltungen statt. So gab es im Jahr 2012 eine Fotoschau über den ehemaligen Bundesminister Hermann Höcherl – er war bis zu seinem Tod im Jahr 1989 der bekannteste Brennberger.

Adresse Johannisstraße 13, 93179 Brennberg | **Pkw** A3, Ausfahrt Wörth a. D., Richtung Cham-Roding, Beschilderung Brennberg folgen, südliche Ortseinfahrt, Richtung Johannisstraße | **Öffnungszeiten** So 13–20 Uhr | **Tipp** Sie sollten auf jeden Fall auch noch die Reste der historischen Burganlage besuchen. Sie überblicken dann eine herrliche Vorwaldlandschaft.

9_Die Josefine-Haas-Stiftung im Trauzimmer

Noble Brautgeschenke für einheimische Mädchen

Eingerahmt von wuchtigen Ackerbürgerhäusern ist das Rathaus von Burglengenfeld der Blickfang des Ortes mit etwa 12.000 Einwohnern. Das Gebäude wurde Ende des 16. Jahrhunderts im Renaissancestil umgestaltet. Das sieht man selten in der kargen Oberpfalz. Zwei Eingangstürme runden die Situation ab. Im südlichen Turm hängt die sogenannte Hussitenglocke aus dem Jahr 1483. Die einfallenden Hussiten brachten dereinst Krieg und Verderben in die Bauernregion. Dass Sankt Georg der Ortspatron ist, wird am Stadtbrunnen davor deutlich: Der »nackte Schorsch« ist eine gut vier Meter hohe, vollkommen entblößte Bronzestatue des Heiligen. Er symbolisiert den Drachentöter mit mächtigem Schwert. Im Inneren des Rathauses liegt neben dem historischen Saal mit seiner imposanten Holzdecke der Trausaal mit Fresken aus dem 16. Jahrhundert.

Und hier wird gern die Geschichte der Josefine Haas erzählt. Um zu überleben, musste die Vollwaise Ende des 18. Jahrhunderts eine Anstellung finden. Der Überlieferung zufolge soll sie im Haus des Grafen von Lerchenfeld bei Regensburg untergekommen sein. Über die Weiterungen ist nichts Konkretes bekannt. Allerdings: Der Standesunterschied vereitelte eine offizielle Heirat. Die Hilfskonstruktion war dann wohl eine »Ehe zur linken Hand«. Die Braut bekam damit zwar keinerlei Rechte auf Stellung oder Titel. Josefine Haas besaß aber ein ansehnliches Vermögen, als ihr »Ehemann« 1844 verstarb. Damit begründete sie eine Stiftung »zum Besten der in Burglengenfeld und einem Umkreis von 2 Stunden um die Stadt geborenen Mädchen«.

Jährlich am Geburtstag der Stifterin, dem 25. März, findet die Auslosung der Geschenke an knapp 20 junge Frauen statt. Etwa 800 Euro können dabei je Braut schon drin sein. Und zur Abrundung der Vita von Josefine Haas: 1845 wurde sie für ihre Stiftung vom bayerischen König geadelt und erhielt ein eigenes Wappen.

Adresse Marktplatz 2–4, 93133 Burglengenfeld | **Pkw** A 93, Ausfahrt Burglengenfeld, Regensburger Straße, Parkhaus Am Marktplatz | **Öffnungszeiten** Mi–Fr, So 14–17 Uhr | **Tipp** Die Burg im Ort bietet einen ausgezeichneten Rundblick über die Landschaft der Mittleren Oberpfalz.

10 Das Volkskundemuseum

Regionalkunst im Wandel der Zeit

Die »Große Kanzlei« ist schon wegen ihrer exponierten Lage eines der ungewöhnlichsten Bauwerke von Burglengenfeld: Sie blickt seit dem 14. Jahrhundert erhaben auf den vorbeifließenden Fluss Regen und auf die Ansiedelung hinab. Oben das Verwaltungsgebäude der Landesherrschaft, unten dann die bürgerliche Gemeinde – das konnten durchaus unterschiedliche Welten sein.

In den Geschichtsbüchern ist meist die Rede von prägenden Gestalten – kaum jedoch von deren gemeinen Zeitgenossen. Hier setzt das Konzept des Oberpfälzer Volkskundemuseums an. Über die Exponate kommen die eher Sprachlosen zu Wort. 36 Abteilungen wurden seit 1987 reichlich bestückt – mit »erzählenden« Belegen für das Alltagsleben der Bauern, Handwerker und Industriearbeiter.

Vor allen Dingen der Wandel der Arbeits- und Lebensverhältnisse im 19. Jahrhundert wird durch die Ausstellungsstücke und die begleitenden Texte und Bilder verständlich. Dabei zieht sich die Situation an dem Städtedreieck Maxhütte-Haidhof, Teublitz und Burglengenfeld wie ein roter Faden durch die historischen Räume. Bestimmend war bis zum Ende des 20. Jahrhunderts das Maxhütte-Eisenwerk. Im Obergeschoss sind die thematischen Schwerpunkte Volksfrömmigkeit, Tracht und auch Bräuche im Jahres- und Lebenslauf dargestellt.

Die Hochzeit war auch bei den einfachen Leuten der Lebenshöhepunkt. Die Braut kam mit dem pferdegezogenen Kammerwagen in die Ehe – aufgeladen war die überschaubare Aussteuer. Neben museumspädagogischen Veranstaltungen finden mehrmals im Jahr moderne Kunst- sowie kulturgeschichtliche Sonderausstellungen statt. Eine jährliche »Museums-Rallye« für Kinder und Jugendliche spricht auch den Kreis der künftigen Nutzer der Einrichtung an. Gefragt wird dabei vielleicht auch, ob es im zweiten Obergeschoss wirklich spukt. Hier hat nämlich 1652 der Landrichter Wolf Adrian von Spiering seinen Bruder erschlagen. Und dieser soll sich ab und zu »melden«.

Adresse Berggasse 3, 93133 Burglengenfeld | Pkw A 93, Ausfahrt Burglengenfeld, Regensburger Straße, Parkhaus Am Marktplatz | Öffnungszeiten Mi–Fr, So 14–17 Uhr | Tipp Lernen Sie die historische Altstadt bei einer Führung kennen. Sie können dabei etwa mit »dem Nachtwächter« unterwegs sein.
Infos unter www.burglengenfeld.de/html/erlebnisfuhrungen.html.

11 Der Fürstliche Thiergarten

Traurige Bekanntheit – wunderbare Gegend

Samstag, 1. Oktober 1988: Die Nachricht macht schnell die Runde. Auf der Aschenbrenner Marter im Fürstlichen Thiergarten bei Donaustauf ist Franz Josef Strauß bewusstlos zusammengebrochen. Zusammen mit Fürst Johannes von Thurn und Taxis wollte der bayerische Ministerpräsident in den wildreichen Waldungen auf die Hirschjagd gehen. Zwei Tage später stirbt FJS im Regensburger Krankenhaus der Barmherzigen Brüder im Alter von 73 Jahren.

Die Aschenbrenner Marter – ein opulentes Jagdhaus – und damit der Fürstliche Thiergarten waren mit diesem Geschehen bundesweit bekannt geworden. Das Gelände mitten im Wald ist abgesperrt und nicht zugänglich.

Das große Interesse ist sowieso wieder auf Normalmaß zurückgegangen – geblieben ist aber ein reizvolles Naturgebiet. Die Wanderung beginnt beim Gasthaus »Hammermühle«. Man darf sich auf eine abwechslungsreiche Tour durch das Gebiet Thiergarten freuen. Er ist auch heute noch ein sehr »lebendiger« Wald vom Hirsch bis zum Uhu. Der Luchs ist hier ebenfalls zu Hause – wieder eingewandert aus dem Bayerischen oder dem Böhmerwald. Der Biber wirkt als Landschaftsbauer am lebendigen Ökosystem mit.

Angelegt wurde der Thiergarten 1813 als Jagdwald der Fürsten von Thurn und Taxis. Daneben ist und war das 2.800 Hektar große Gelände aber in erster Linie Forstwald, das heißt, die ertragssichere Holzproduktion war von Anfang an der bestimmende Mittelpunkt. Das komplette Gelände des Thiergartens ist eingezäunt. Das schmälert aber nicht die naturnahen Eindrücke und den Erholungswert. Ganz im Gegenteil: Manchmal schützt der Zaun auch vor etwas angriffslustigen Wildschweinen. Und übrigens: Auch ein 18-Loch-Golfplatz findet auf dem Gelände Platz. Vor der »Platzreife« sollte man sich allerdings zunächst um die »Naturreife« bemühen. Und danach wie gesagt: Brotzeit nicht vergessen – zum Beispiel in der Hammermühle, dem Ausgangs- und Schlusspunkt der Wanderung.

Adresse Thiergartenstraße 1, 93093 Donaustauf-Hammermühle | **Pkw** A3, Ausfahrt Neutraubling, Beschilderung Walhalla folgen, Richtung Cham/Falkenstein, rechts abbiegen bei Hammermühle | **Öffnungszeiten** Mo, Di, Do–So 17.30–22.30 Uhr, Mi Ruhetag | **Tipp** Im nahe gelegenen Altenthann ist ein liebevoll gestaltetes Heimatmuseum eingerichtet. Ein ehemaliger Schulleiter hat ländliche Wohnkultur und Utensilien aus der vergangenen Arbeitswelt zusammengetragen.

12 Das Schulerloch

Keltische Druidenschule und geheimnisvolle Schauhöhle

Der Fußweg vom Parkplatz zum Häuschen beim Eingang steigt ordentlich steil an, führt aber durch einen kühlen, dichten Laubwald. Ruhebänke am Aufstieg finden dankbare Nutzer. Vielleicht mag es sich der eine oder die andere während der Rast doch noch überlegen, ob nach diesem Aufstieg postwendend der Abstieg in eine unbekannte Tiefe folgen soll.

Das Schulerloch ist nach dem Einstieg aber überraschend gut begehbar (natürlich mit solidem Schuhwerk), und der gesandete Weg ist zusätzlich angenehm ausgeleuchtet. Überdies ist eine Besichtigung nur mit Führung möglich – dies beruhigt einerseits, und zudem sind die Erklärungen klar und sachkundig. Dazu gehören die Informationen, dass die Temperatur konstant bei kühlen neun Grad Celsius liegt und dass die Höhle über 400 Meter lang ist. Etwa die Hälfte davon ist »Schaubereich«. Hier kommt schon der Gedanke von einer kleinen Expedition auf.

Da sind sie dann also: die vom Boden einer Höhle emporwachsenden Stalagmiten oder die von der Decke hängenden Stalaktiten. Jeder hat im Schulunterricht davon gehört – in der natürlichen Umgebung der urzeitlichen Höhle sind sie aber doch ungemein beeindruckend. Besonders »sagenhaft« ist der fast 800 Quadratmeter umfassende und bis zu acht Meter hohe Hauptraum. Hier soll eine Schule für Druiden, also für keltische Priester, gewesen sein. Deshalb auch der abgeleitete Name Schulerloch.

In diesem »Tempel der Natur« finden von Mai bis Anfang Oktober unterschiedliche Konzerte statt. Der dabei stets entstehende Raumklang mit seiner herausragenden Akustik ist ein sphärisches Erlebnis der ganz besonderen Art. Die Beleuchtung wirkt zusätzlich illuminierend. Ein treues Stammpublikum kommt aus ganz Bayern. Glücklich und beeindruckt wieder ins Freie gekommen, wartet ein angenehm familiär angelegtes Terrassencafé mit 80 überdachten Sitzplätzen und – bei schönem Wetter – ebenso vielen Freisitzen.

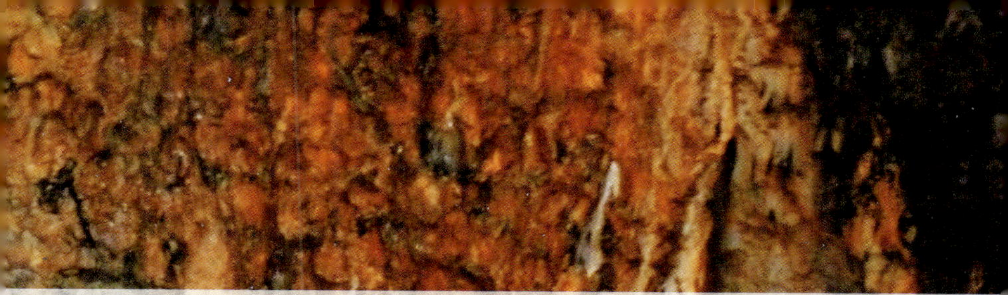

Adresse Oberau 1, 93343 Essing | **Pkw** A 93, Ausfahrt Kelheim, Richtung Altmühltal, Beschilderung Tropfsteinhöhle folgen | **Öffnungszeiten** Informationen zu den Führungsterminen unter www.schulerloch.de | **Tipp** Die außergewöhnliche Holzbrücke »Tatzlwurm« spannt sich in Essing über den Main-Donau-Kanal. Mit 109 Metern ist sie eine der längsten Holzbrücken Europas.

13 Der Lokschuppen

Feine Adresse für regionale Kultur

Die Adresse »Am Bahndamm« liegt in einem gediegenen Wohngebiet von Falkenstein – der Blick wird zunächst eher zu der gegenüberliegenden Burg gezogen als zu dem 1912 gebauten Lokschuppen. Vor dem Haus hinter einem einfachen Holzzaun gibt es noch ein paar Meter Bahngleise. Dann öffnen zwei blaue Tore den holzverkleideten Schuppen, in dessen Balken auch jetzt noch der Rauch vergangener Tage hängt. Hier waren der Wohntrakt der übernachtenden Eisenbahner und der Unterstellplatz für die Lokomotiven.

Die Geschichte des Industriedenkmals ist schnell erzählt. Die 1913 in Betrieb genommene Bahnstrecke Regensburg – Falkenstein wurde – wie auch andere Lokalbahnen – 1985 stillgelegt. Kurzum: Sie hatte sich nicht mehr rentiert. Fünf Jahre später kaufte das kunstsinnige Ehepaar Monika und Gerd Frank Schuppen und Gelände. Das Anliegen: Kunst und Menschen an einem interessanten Ort zusammenbringen.

Nach der behutsamen Renovierung ist tatsächlich eine beachtenswerte Kommunikationsplattform für regionale Kunst entstanden. Die Palette reicht von heimatkundlichen Fotoausstellungen über die Präsentation von Drucken, Skulpturen bis hin zur manchmal ersten Gelegenheit für junge Künstler, ihre Arbeiten einem breiteren Publikum zu zeigen.

Die erste Ausstellung war 1998. Seitdem versteht sich das Ehepaar Frank als Scharnier zwischen interessierter Öffentlichkeit und kreativen Ausstellern. Besonders sind dabei die bei einem Glas Wein entstehenden Gespräche. Die Einrichtung strahlt eine herzliche »Wohlfühlatmosphäre« aus. Dadurch wird nebenbei auch der Luftkurort Falkenstein mit seinem sehenswerten Burginnenhof – hier finden im Sommer Burghoffestspiele statt – bereichert. Das wertvolle Industriedenkmal Lokschuppen wurde also nicht nur für Bahnfreunde erhalten. Auch solche kommen. Zusätzlich gibt es einen besonderen Ort für Ausstellungen und vor allem: für Gespräche darüber.

Adresse Am Bahndamm 2, 93167 Falkenstein, www.lokschuppen-falkenstein.de | **Pkw** A 3, Ausfahrt Wörth a. D., Richtung Cham-Roding, in Falkenstein am Ortseingang rechts zum Wohngebiet Am Bahndamm | **Öffnungszeiten** April–Okt. So 14–17 Uhr | **Tipp** Die Burg Falkenstein bietet neben gastlichen Räumen auch noch das Museum für Jagd und Wild. Anschauliche Tierpräparate sind zu bestaunen.

14 Der Tangrintel

Inbegriff der Provinz

Die Orte hier heißen Langenkreith oder Thonlohe – das klingt nicht nach 08/15. Es gibt immer noch eine Menge unverbaute Landschaft in dieser Hochebene zwischen den Flüssen Altmühl und Schwarze Laaber. So wie im 12. Jahrhundert, als König Heinrich II. diesen bewaldeten Höhenrücken dem von ihm gegründeten Bistum Bamberg überlassen hat. Mittelpunkt ist die Kleinstadt Hemau – »Herz des Tangrintel« genannt.

Wie sehr der Begriff Tangrintel bis heute das Denken und Fühlen mit prägt, zeigt sich an verschiedenen Verbindungen: Es gibt die weithin bekannten Tangrintler Musikanten, die Tangrintel-Halle in Hemau, die Tangrintler Königstreuen e.V. und sogar die »Tangrintler Nachrichten« – eine seit Mitte der 1970er Jahre erscheinende Wochenzeitung. Ihr Abonnentenstamm hält sich treu – die Themen bleiben im engeren Bereich um Hemau. Immerhin sind es 30 Kilometer bis nach Regensburg. Im Alten Rathaus im Zentrum von Hemau wurde mit Ausdauer ein Museum für historisches Spielzeug eingerichtet, und Dorfwirtshäuser gibt es auch für den großen Hunger. Die Preise sind dabei ländlich gesittet.

Und weil in der Provinz auch der rechte Glaube dazugehört, erfährt die Wallfahrtskirche auf dem Eichlberg immer noch regen Zuspruch. Sie liegt aber auch beeindruckend über der waldreichen, leicht geschwungenen Landschaft – einladend und quasi wegweisend zugleich. Dem barocken Kirchenbau liegt (natürlich) eine Sage zugrunde. Demnach hörte eine Mesnerfrau aus Neukirchen in der Fastenzeit 1688 Stimmen, die ihr befahlen, an dieser Stelle eine Kapelle zu errichten.

Bald darauf entwickelte sich eine so rege Wallfahrt, dass aus der Kapelle eine Kirche wurde und aus der Wallfahrt eine Tradition, die bis in die Gegenwart hinein anhält. Tausende von Gläubigen beteiligen sich jedes Jahr an Pfingsten. Es sind durchaus auch Menschen von außerhalb des Tangrintel dabei.

Adresse Stadtplatz, 93155 Hemau | ÖPNV Hbf Regensburg, Bus 28, Haltestelle Stadtplatz Hemau | Pkw B 8, Regensburg Richtung Nürnberg, circa 25 Kilometer, Kreisel Hemau, Richtung Stadtmitte, Parkplätze vorhanden | Tipp Besuchen Sie das sehenswerte Spielzeugmuseum am Stadtplatz 4. In der Nähe ist auch die Geschäftsstelle der »Tangrintler Nachrichten«.

15 Das schattige Waldbad

Gemütliche Liegewiese unter Bäumen

Eine ehemalige Viehtränke als Freibad – Geschichten wie diese lassen die Oberpfalz zwar manchmal als etwas seltsam erscheinen. Sie geben diesem Landstrich aber auch eine eigene Note: Wer das Waldbad von Hemau findet (das ist nicht ganz einfach), der trifft auf eine Badeeinrichtung mit besonders ländlicher Note. Eingesäumt von hohen Bäumen, liegt der etwa 10.000 Quadratmeter große Badeweiher auf der Strecke von Hemau nach Riedenburg nach zwei Kilometern mitten im Wald.

Gleich beim umfriedeten Eingang wurde vor dem Kiosk ein kleiner Biergarten errichtet. Unmittelbar daneben ist ein gern genutzter Grillplatz – Duschen und Toiletten sorgen für Hygiene. Apropos: Das Waldbad gilt als einer der saubersten Badeseen Bayerns. Das liegt auch an der nicht alltäglichen Vorgeschichte des Bades: Mitte der 1960er Jahre wurde begonnen, den Schlamm im bisherigen Kuhweiher abzutragen und mit Kies aufzufüllen. Seit damals werden also hier nicht mehr die Kühe getränkt, sondern immer mehr Sommerfrischler angezogen. Sie wissen die relative Abgeschiedenheit zu schätzen.

Das Waldbad wird von der Stadt Hemau unterhalten und von örtlichen Wasserwachtlern betreut. Hier geht manches noch im Handbetrieb, doch das macht auch den eigenen Charme aus. Für die Kinder gibt es im Wasser eine Spielfähre und Möglichkeiten zum Wasserturnen. Bei den Allerkleinsten sind die aufgestellten Sandkästen natürlich beliebt. Die Liegewiese ist nicht nur großzügig, sondern sie bietet auch Rückzugsmöglichkeiten – für Paare etwa, die nur füreinander Augen und Ohren haben. Auf dem hinteren Teil der Liegewiese laden ein Beachvolleyballfeld sowie Tischtennisplatten zur sportlichen Bewegung ein.

Und wer es auf andere Weise mag: Um das Waldbad herum führt ein Trimm-dich-Pfad. Ausreichend Parkplätze befinden sich direkt am Bad. Man kann also mit Sack und Pack anreisen – zu einem entspannenden Aufenthalt im Waldbad von Hemau.

Adresse Waldbadstraße 1, 93155 Hemau | Pkw B 8 Richtung Hemau, am Verkehrskreisel Richtung Riedenburg, nach zwei Kilometern Beschilderung Waldbad folgen, Parkplätze vorhanden | Öffnungszeiten Mitte Mai – September | Tipp Der Zehentstadel im Propsteigaßl von Hemau ist ein historischer Getreidespeicher mit seltenen Zierelementen. Das Motiv »Laufender Hund« am Giebel fällt ins Auge.

16 Die Künstlerkolonie

Ein Gesamtkunstwerk, an den Felsen gelehnt

Auch wenn die »öffentliche Ordnung« nicht eigens dazu aufruft: Der Besucher von Kallmünz sollte sein Auto auf jeden Fall am Eingang zum Ortskern abstellen und sich auf einen Fußweg einlassen. Die Gründe sind offensichtlich: etwa das winzig kleine Wirtshaus mit nur einigen Holztischen und dem Namen »Zum Bürstenbinder«. Wer sich den Kopf nicht gleich an der niedrigen Eingangstür anstößt, der kann mit ungeschmälertem Genuss die original Oberpfälzer Spezialität »Bauchstechala« probieren – das sind kleinfingerlange, aus gekochten Kartoffeln angefertigte Nudeln.

Gestärkt geht's dann weiter über eine vielfach übersehene steinerne Brücke aus dem 16. Jahrhundert. Der Blick fällt auf das alte Rathaus mit seinem eigentümlich schief und tänzelnd wirkenden Turm. Hier gibt es auch ein Heimatmuseum. Über dem hier im wahrsten Sinne des Wortes »malerischen« Ensemble thronen die steinernen Überreste der alten Burganlage.

Es verwundert nicht, dass Anfang des 20. Jahrhunderts der Maler und Professor Charles Johann Palmié den Ort am Zusammenfluss von Naab und Regen als Sommerfrische entdeckte. Kallmünz an der Naab wurde bald Anziehungspunkt für künstlerisches Volk. Die Expressionisten Wassily Kandinsky und Gabriele Münter waren dabei die bekanntesten Vertreter.

Man merkt es dem Ort mit knapp 3.000 Einwohnern auch heute noch an: Die Häuser in den engen Gassen geben sich ungewöhnlich farbenfroh. Und was es andernorts so auch nicht gibt: ein Haus ohne Dach. Diese Höhlenwohnung in einem Felsen besteht aus einem Hausgang, einem Wohnraum, zwei Lagerräumen und einem Raum, in dem früher das Fleisch geräuchert wurde.

Die Geschichte dieses Hauses im Felsen lässt sich etwa 200 Jahre zurückverfolgen. Den letzten Bewohner – so heißt es – plagte in den 1930er Jahren allerdings das Rheuma so nachhaltig, dass er seine Wohnstätte verlassen musste.

Adresse 93183 Kallmünz | **ÖPNV** vom Hbf Regensburg zum Bahnhof Maxhütte-Haidhof, Bus 15, 41, 42, Haltestelle Ortszentrum Kallmünz | **Pkw** A 93, Ausfahrt Regensburg-Nord, Richtung Lappersdorf, Kallmünz, Parkplatz am Ortseingang | **Tipp** Der Aufstieg zur Burg muss sein. Es gibt zwei Routen. Empfehlenswert ist die etwas gemütlichere vom Ortsrand aus – hinter dem Gasthaus »Zur Roten Amsel«.

17_Der alte Kanalhafen

Reste einer historischen Idee

Der alte Kanalhafen von Kelheim zieht sich auf einer Länge von etwa 600 Metern dahin. Er steht als Denkmal der Ingenieurkunst unter Denkmalschutz. Wenn es drauf ankäme, so wäre er noch funktionstüchtig – heißt es. Die Szenerie am Altstadtrand ist von einem buckligen Obstbaumbestand und einer Naturwiese umgeben, Fischer hängen beharrlich schweigend die Angelrute ins Wasser.

Zwei kleine, etwa drei Meter hohe Ladekräne vermitteln Industrieromantik. Der in Mauern eingefasste Kanaltrog enthält die Schleuse Nummer 1. Insgesamt gab es im Verlauf des Ludwig-Donau-Main-Kanals 100 derartige Schleusen. Eine ehemalige hölzerne Lagerstätte steht leicht erhöht auf einem Sockel mit wenigen Steinstufen. Der Dachabschluss erinnert an einen Helm. Seit den 1950er Jahren haben der Ludwig-Donau-Main-Kanal und damit auch der alte Donauhafen ausgedient – Rechtsnachfolger ist der Rhein-Main-Donau-Kanal.

Weit davor war die große Idee der Fossa Carolina (Karlsgraben) des späteren Kaisers Karls des Großen. Er wollte eine schiffbare Verbindung zwischen den Flüssen Rhein beziehungsweise Main und Donau. Aufgegriffen und in Auftrag gegeben hat diese Idee später dann in seinem Herrschaftsbereich König Ludwig I. von Bayern. 1834 erließ der Monarch ein Gesetz – im Mai 1843 war »befehlsgemäß« festliche Eröffnung. Ein Kanal mit 170 Kilometern Länge zwischen Kelheim und Bamberg stand zur Verfügung. Dieser Vorläufer des Rhein-Main-Donau-Kanals wurde 1950 aufgelassen. Die Eisenbahn war zu einer immer stärkeren Konkurrenz erwachsen.

Heute wird der frühere Verlauf an vielen Punkten von Ausflüglern genutzt. Vor allen Dingen auf zwei Rädern sind die Naturfreunde gern unterwegs – das gut präparierte Fahrradwegenetz und die urige Gegend laden dazu ein. So hat der Kanal seine Funktion nachhaltig verändert: Der wirtschaftliche Wert hat sich in einen Freizeitwert gewandelt.

Adresse Hienheimer Straße, Altstadtrand, 93309 Kelheim | **Pkw** A 93, Ausfahrt Kelheim, Richtung Kelheim, Verkehrskreisel Richtung Innenstadt, Parkplatz an der Schiffsanlegestelle | **Tipp** Wie wäre es mit einer historischen Treidelfahrt auf dem Ludwig-Donau-Main-Kanal? Infos unter www.naturpark-altmuehltal.de.

18 Die Eremitage Klösterl

Der Welt (nicht mehr) abgewandt

Das UNESCO-Kulturerbe Weltenburger Enge ist (auch) ein traumhaftes Wandergebiet. Insgesamt elf erschlossene Routen verlaufen im Naturschutzgebiet. Die vielleicht schönste Tour ist ein sieben Kilometer langer Spazierweg von der Schiffsanlegestelle Kelheim ausgehend immer entlang der Donau. Der Weg ist auch für »Fußkranke« geeignet, gutes Schuhwerk sollte aber schon sein. Und es lohnt sich, denn ein außergewöhnliches Erlebnis liegt schon bald hinter Kelheim am Wegesrand:

Das Klösterl, eine ehemalige Eremitage, die heute allerdings mit einem Wirtshaus und -garten bestens auf Besucher ausgerichtet ist. Gegen Ende des 15. Jahrhunderts baute sich der Überlieferung nach der Einsiedler Antonius von Siegenburg eine große Felsgrotte zur Klause um und errichtete eine kleine Kapelle zu Ehren des heiligen Nikolaus. Die Klause kam bald zum Franziskanerorden, der sie wiederum bald als Sommerrefugium benutzte. Eine herausragende Sehenswürdigkeit ist das natürliche Dach der Kirche. Es besteht ausschließlich aus überhängendem Gestein. In der alten Höhlenkirche sind an der Innenwand drei Fresken zu sehen – die Witterungsfolgen einer langen Zeit haben ihrer Bildkraft aber geschadet.

Eine steinerne Empore und der leicht erhöhte Altar scheinen dauerhaft der Zeit enthoben zu sein. Das Klösterl ist seit vielen Jahren eine beliebte Ausflugsgaststätte. Hier lassen sich die Wanderer gern nieder und können bei einer Brotzeit und Bier (auch die Kuchen werden sehr gelobt) die umgebende Natur genießen: Die Donau fließt träge vorbei. Sie ist von zum Teil bis zu 80 Meter aufragenden Felsen »eingequetscht«.

Viele Paddelbootfahrer sind bei schönem Wetter unterwegs und natürlich Fahrgastschiffe vom und zum weltberühmten Benediktinerkloster Weltenburg. Ein uralter Kulturboden in einer kaum gezähmten Landschaft – und dazu noch eine entspannende Rast im Klösterl. Wandrer, was willst du mehr?

Adresse Klösterlweg 1, 93309 Kelheim | **Pkw** A 93, Ausfahrt Kelheim, Richtung Kelheim, Verkehrskreisel Richtung Innenstadt, Parkplatz an der Schiffsanlegestelle, Fußweg zum Klösterl circa 15 Minuten | **Öffnungszeiten** Frühjahr Sa, So 10.30–18 Uhr; Sommerferien Mi–So 10.30–20 Uhr, Mo, Di Ruhetag; Sept.–Okt. Sa, So 10.30–18 Uhr; Nov. geschlossen | **Tipp** Im nahen Kloster Weltenburg ist nicht nur die Gastlichkeit daheim: Die prächtige Klosterkirche mit Werken der Barockkünstler Cosmas Damian und Egid Quirin Asam interessiert jeden Kulturfreund.

19 Das Orgelmuseum

Instrumentenkunde in alten Klostermauern

Der Kelheimer Michaelsberg liegt direkt unter dem überregional bekannten Ausflugsziel Befreiungshalle. Auf dem Berg thront wiederum die ehemalige Franziskanerkirche über der bemerkenswert gut erhaltenen Altstadt. Breite Steinstufen führen zum lindgrünen Bauwerk hinauf. Die Kirche stellt sich dar als ein lichtdurchfluteter Saalbau mit gotischem Chor sowie Fresken aus unterschiedlichen Epochen.

Leicht abgesetzt davon gehört ein zartgelb verputztes Bauwerk zu dem seit 2006 öffentlich zugänglichen Orgelmuseum. Hier war wohl der Sakralraum eines ehemaligen Gutshofes. Als Ausstellungsraum – so stellt sich heraus – steht dem Orgelmuseum dann auch noch der Südflügel des ehemaligen Kreuzgangs zur Verfügung.

Dies alles ist um einen geschützten Innenhof gruppiert. Der Besucher kommt zu einer Schautafel, die einen sinnvollen Rundgang durch die sechs Stationen skizziert – der Spagat zwischen Theorie und Praxis wird gewagt. Zunächst geht es deshalb um die Kulturgeschichte der »Königin der Instrumente« von ihren Vorformen bis zu Orgeln der jüngeren Gegenwart. Dabei unterstützen Audio-Guides mit zahlreichen Klangbeispielen den Rundgang. Im oberen Kreuzgangbereich befindet sich ein Medienraum mit kurzen Filmbeiträgen über den Orgelbau.

Welche Bestandteile hat eine Orgel, wie funktioniert das klangreiche Instrument? Fragen werden anschaulich – auch für Laien verständlich – beantwortet.

Gut eingestimmt kommt der Besucher in der Franziskanerkirche zu den Denkmalorgeln. Man kann sie von allen Seiten betrachten – auch das Innenleben wird teilweise »aufgefächert«. Das Kelheimer Orgelmuseum beherbergt derzeit vier historische, voll funktionsfähige Denkmalorgeln aus dem ostbayerischen Raum. Sie stammen aus der Sammlung des ehemaligen bayerischen Landeskonservators Sixtus Lampl. Er hat die Idee zu diesem ungewöhnlichen Museum gefördert und auch gleich noch den Grundstock dazu mitgeliefert.

Adresse Am Kirchensteig 4, 93309 Kelheim | Pkw A 93, Ausfahrt Kelheim, Verkehrskreisel Richtung Innenstadt, Parkplatz an der Schiffsanlegestelle | Öffnungszeiten 1. April–31. Okt. Di–So 14–17 Uhr | Tipp Natürlich sollten Sie den Fußweg zur Befreiungshalle weitergehen. Erinnert wird hier an die sogenannten Befreiungskriege im 19. Jahrhundert.

20 Der Schleifer- und der Stadtknechtturm

Erinnerungen an befestigte Zeiten

Die bayerische Herzogstadt Kelheim erinnert mit einem intakten Innenbereich um das umgestaltete Renaissance-Rathaus eindrucksvoll an ihre frühere Bedeutung. Ein Rundgang ist allemal interessant – auch abseits des Bootshafens, von dem aus eine Fahrgastflotte die Touristen auf dem Wasser ins weltberühmte Benediktinerkloster Weltenburg bringt. Die Altstadt mit dem Zugang über das erhaltene Donautor bildet ein Rechteck, zwei Straßenzüge kreuzen sich dabei. Ein moderner Brunnen symbolisiert den Zusammenfluss von Donau und Altmühl.

Im Osten des zentralen Marienplatzes erinnert ein Standbild an König Ludwig I., einen Wittelsbacher. Dieses urbayerische Herrschergeschlecht verlieh Ende des 12. Jahrhunderts die Stadtrechte. Ludwig I. residierte einige Zeit in Kelheim.

Die strategisch wichtige Stadt bekam zur Absicherung bald eine mächtige Mauer. Eindrucksvoll zu sehen ist noch der Schleiferturm am südwestlichen Altstadteingang. Die Anlage wurde im 15. Jahrhundert aus den Überresten des alten Herzogschlosses erbaut. Über dem Eingang unterstreichen kleine Rundöffnungen die entschlossene Wehrhaftigkeit des Turms. Da die Quader antiken Steinen ähneln, wird der Schleiferturm im Volksmund auch Römerturm genannt. Entweder sollte mit dem eigentlichen Schleiferturm an das Wohnviertel der Scherenschleifer erinnert werden, oder aber gemeint ist das Schleifen – also die Vernichtung – des vormaligen Schlosses.

Auf jeden Fall ist im Turm seit 1931 auch ein Kriegerdenkmal untergebracht. Eine mächtige Figur mit bereitgehaltenem Langschwert rundet das Bild ab. Direkt gegenüber vom Schleiferturm steht der Stadtknechtturm. Auch er ist Bestandteil der historischen Stadtmauer. Wer dort seine Zeit verbringen musste, der war vom Rat der Stadt zu einer Turmhaft verurteilt (verknurrt) worden. Hier waren die Strafzellen für die unbotmäßigen Bürger untergebracht.

Adresse Stadtknechtstraße, 93309 Kelheim | **Pkw** A 93, Ausfahrt Kelheim, Verkehrskreisel Richtung Innenstadt, Parkplatz an der Schiffsanlegestelle | **Tipp** Das Archäologische Museum (Lederergasse 11) bietet einen lehrreichen Eindruck des »Vorlebens« der Kelheimer Region. Infos unter www.archaeologisches-museum-kelheim.de.

21 Die historischen Ackerbürgerhäuser

Leben mit Vieh und Getreide

Die herrschaftliche Verleihung von Marktrechten war dereinst zunächst ein »geldwerter« Vorteil. In Langquaid – im Tal der Schwarzen Laaber – durfte mit Erlaubnis des Bayernherzogs bereits vor über 700 Jahren ein Markt abgehalten werden. Fieranten und Kunden trafen in regelmäßigen Abständen an diesem Ort zusammen, wobei Langquaid auch noch Zollstation war. Einnahmen waren also gesichert – wenn auch in erster Linie für die Oberen in der Region. Das Gemeinwesen konnte allerdings ebenso profitieren – das sieht man dem Ortskern von Langquaid noch an.

Bis heute ist die historische Baustruktur eines Wittelsbacher Ackerbürgermarktes weitgehend erhalten geblieben. Vergleichbares gibt es nicht oft. Ein Ackerbürgerhaus verfügt in der Regel über ausladende Toreinfahrten, um mit den Fuhrwerken hindurchzukommen. Die Erträge der Felder wie Getreide wurden ins Haus geholt, gelagert sowie veredelt und schließlich wieder verkauft. Daneben musste natürlich Platz sein für den Wohnbereich. Die Familien waren vielköpfig auf dem Land. Auch die Strohbetten für die meist zahlreichen – weil billigen – Dienstboten erforderten ihren Platz.

Ein Ackerbürgerhaus war also ein Multifunktionsgebäude. In Langquaid werden eigens historische Führungen in einigen dieser Gebäude angeboten. Erstaunlich, wie logisch und sinnvoll die Nutzung dieser Anwesen einst war.

Einmal in Langquaid, sollte auch noch »Tierisches« beachtet werden. Hinter dem »Hotel zur Post« ist ein 3.000 Quadratmeter großer Kleintiergarten. Volieren mit Tauben, Hühnern, Zier- und Wassergeflügel sind aufgebaut. Und: Störche gibt es in Langquaid seit 40 Jahren – 2009 hat der Markt eine Storchenkamera eingerichtet. Einen Bildschirm dazu gibt es im Innenhof des Hauses der Begegnung am Marktplatz. Außerdem werden die Bilder ins Internet übertragen.

Adresse Marktplatz 24, 84085 Langquaid | **ÖPNV** von Hbf Regensburg mit dem Regionalzug 4267 nach Eggmühl, von hier Bus 25, Haltestelle Marktplatz Langquaid | **Pkw** A 93, Ausfahrt Hausen, Richtung Saal an der Donau/Schierling, Kreisstraße KEH 10 bis Langquaid, Ortszentrum | **Tipp** Der kleine Weiler Hellring beherbergt die weithin bekannte Wallfahrtskirche St. Ottilia. Das Barockjuwel wurde um die Jahrtausendwende aufwendig restauriert.

22 Der klotzige Turm von Penk

Zeuge aus weit zurückliegender Zeit

Das Naabtal hinter Etterzhausen in Richtung Kallmünz zählt zweifellos zu den beeindruckenden Naturschönheiten des Großraums Regensburg. Am Eingang zu diesem außergewöhnlichen Gebiet stößt der Ausflügler links von der gewundenen Kreisstraße auf den wehrhaften Turm von Penk. Das Äußere des archaisch anmutenden Baus erinnert eher an eine überschaubare Burg als an eine Kirche – an eine Wehrkirche.

Dies ist darauf zurückzuführen, dass die Kirche in schweren Zeiten tatsächlich einen wichtigen Schutzraum für die Bevölkerung des Unteren Naabtals bot. Eines ist allerdings sofort klar – hier hat eine frühe Bauphase eindrucksvoll den Jahrhunderten widerstanden.

Die romanische Anlage reicht bis in die Mitte des 13. Jahrhunderts zurück und gehörte zum Gut Löweneck. Das Bruchsteinmauerwerk mit schmalen Mauerschlitzen zeigt an den Ecken massive Steinquader – der viereckige Turm ist so breit wie die Kirche selbst. Dies ist wirklich nicht alle Tage zu sehen. Wind und stürmisches Wetter, schon gar moderner Straßenverkehr lassen diesen Bau anscheinend unbeeindruckt. Es wirkt, als sei er sich selbst genug. Eine eigenartige Ruhe geht von ihm aus.

Im schmucklosen Inneren des in der Regel verschlossenen Gotteshauses ist eine kleine Sakramentsnische aus dem 15. Jahrhundert erwähnenswert – ebenso ein Opferstock aus dem 17. Jahrhundert. Nach Besitzerwechseln und Säkularisation erhielten die Dorfbewohner von Penk den klotzigen Bau, ein Förderverein engagiert sich verdienstvoll. Das Penker Kirchlein ist St. Leonhard geweiht, dem Patron der Schmiede. Deshalb handelt eine Sage von einem ansässigen Schmied, der wohl ziemlich streng zu seinen Gehilfen war. Als gar der Teufel bei ihm Lehrling war, hielt dieser es nur drei Jahre aus. Dies soll laut dem Regensburger Heimatforscher Gustl Motyka der Ursprung für eine Redensart über Misanthropen sein: »Bei dem hält es nicht einmal der Teufel aus.«

Adresse Staatsstraße 2165/Ortsmitte, 93152 Nittendorf-Penk, www.penker-kircherl.de | **Pkw** B 8 Regensburg-Nord bis kurz vor Etterzhausen, Abzweigung Amberg/Kallmünz, nach wenigen Kilometern Kirche Penk | **Tipp** Das Gut Löweneck liegt neben der Kirche. Hier finden Sie eine umfangreiche Gartenmöbelausstellung und künstlerisches Gartenzubehör. Auch ein Café ist auf dem Gelände.

23 Der bizarre Hoppefelsen

Blitz und Donner als Namenspatrone

Der Botaniker David Heinrich Hoppe war bis zu seinem Tod im Jahr 1846 ein prominenter und kenntnisreicher Bürger in Regensburg. Der auf alten Fotografien distinguiert wirkende Wissenschaftler arbeitete seit 1786 als Apotheker in der alteingesessenen Elefantenapotheke in der Ludwigstraße. Schon deshalb war er in der Stadt einer breiteren Öffentlichkeit bekannt. Die Naturliebhaber dagegen bewunderten und verehrten ihn als Gründer der »Regensburgisch Botanischen Gesellschaft« und als Herausgeber von einschlägigen Zeitschriften.

David Heinrich Hoppe war 1789 wieder einmal forschend unterwegs, als er in der Nähe von Pentling am Donauufer in ein starkes Unwetter geriet. Mitten in der Naturlandschaft suchte er Schutz unter einem Felsdach, woher der spätere Name Schutz- oder Hoppefelsen herrührt. An diesem sich aufbuckelnden Naturdenkmal ist eine Gedenktafel angebracht. Sie erinnert in der damaligen Gelehrtensprache Französisch an die Gründung der ältesten (und noch bestehenden) deutschen botanischen Gesellschaft im Mai 1790. Der Schutzfelsen bei Pentling an der Donau zeigt eine ungewöhnliche Gesteinsabfolge: Sande und bunte Tone sind hier zu sehen – es handelt sich um die ältesten kreidezeitlichen Sedimente in dieser Region.

Der Hoppefelsen gehört zum Naturschutzgebiet Max-Schultze-Steig. Insgesamt prägen etwa 20 Felstürme aus Kalkstein dieses zwei Kilometer lange Gelände am rechten Donauufer im Südwesten von Regensburg. Nach dem zu Beginn des 20. Jahrhunderts vorangetriebenen Abbau der Kalksteinvorkommen rettete der Naturschützer Max Schultze durch Privatankauf mehrere Grundstücke vor dem weiteren Abbau. Er schenkte schließlich das Gebiet 1912 der Stadt Regensburg. Die Auflage: Beibehaltung des »natürlichen« Zustandes. Zur Sicherheit erwarb es später die Botanische Gesellschaft – man weiß ja nie, mochte man sich dabei gedacht haben.

Adresse am Donauufer, 93080 Pentling | **Pkw** A 93, Ausfahrt Regensburg-Süd, Beschilderung nach Pentling folgen, in Pentling Richtung Hölkeringer Straße, Weichslmühlweg bis zur Weichslmühle am Donauufer, Uferstraße flussabwärts circa 1 Kilometer folgen | **Tipp** Das nahe gelegene Ausflugslokal »Walba« bietet bayerische Gastlichkeit. Die verwendeten Produkte kommen alle aus der heimischen Region.

24 Das Wohnhaus von Papst Benedikt

Auf dem Weg zur (wissenschaftlichen) »Wallfahrtsstätte«

Es ist ja nun nicht so, als ob der Bau besonders originell ist oder an exponierter Stelle steht. Nein, das Grundstück mit dem Bungalow an der Pentlinger Bergstraße ist höchstens auffällig unauffällig. Ein dezentes rotes Schild weist am Eingang auf das »Papsthaus« hin, eine kleine Glasarbeit daneben zeigt ein Porträt Joseph Ratzingers und den Schriftzug: »Mitbürger seit 1969/Ehrenbürger seit 1983«. Das ist schon alles.

Auf dem Hausdach sind Solarzellen angebracht, in einem beschaulichen Garten steht eine kleine Steinplastik. »Häusle« hat der frühere Professor Joseph Ratzinger dieses Haus genannt, das er von 1970 bis 1977 zusammen mit seiner Schwester Maria bewohnte. Nicht einmal eine Adresse gab es anfangs nach den Erzählungen für das neue Domizil. Ganz unkonventionell einigte sich Ratzinger mit dem Bürgermeister vor Ort auf »Bergstraße« – so sagte er einmal in einem Interview. Der angesehene Dogmatikprofessor war von Tübingen dem Ruf an die Universität Regensburg gefolgt. Gleichzeitig gab es mit dem Umzug auch eine Art von Familienzusammenführung: Wirkte doch Bruder Georg bereits seit Jahren als Chef des weltberühmten Domspatzenchores in der Stadt.

Joseph Ratzinger lebte also jetzt einen Steinwurf von seiner Arbeitsstätte Universität entfernt. Im Speisezimmer wurden von Schwester Maria immer wieder die geliebten Mehlspeisen serviert. Ob dann als Erzbischof von München-Freising oder später als Kurienkardinal: Immer wieder verbrachte Ratzinger ein paar Urlaubstage in dem schmucklosen Haus. Zum letzten Mal betrat er es im Jahr 2006 – als Papst bei seinem viel umjubelten Besuch in Bayern. Bald danach übergab Bruder Georg Ratzinger die Hausschlüssel an die Benedikt-Stiftung. Deren Ziel ist es, dass das Gebäude mit dem Leben und Arbeiten des einstigen Professors Ratzinger verbunden bleibt.

Adresse Bergstraße 6, 93080 Pentling | **Pkw** Regensburg-Innenstadt, Richtung Bahnhof, Friedenstraße, Augsburger Straße bis an die Stadtgrenze Regensburgs, Abzweigung Pentling oder A 93, Ausfahrt Pentling, zur Ortsmitte; Hinweis: Die Bergstraße liegt in einem Wohngebiet. Parken nur eingeschränkt möglich. | **Öffnungszeiten** Das Haus kann nur von außen besichtigt werden. | **Tipp** Im Landgasthaus »Altes Tor« gibt es zum Beispiel Innereien wie saure Lunge oder saure Leber. Das findet man nicht überall. Infos unter www.gasthaus-altestor.de.

25 Die »fliegende Brücke«

Idyll am Stadtrand

Wo Regensburg im Südwesten nach einer kleinen Bahnunterführung unmerklich in ein Dorf übergeht, liegt Matting – man sollte vielleicht ausdrücklich ergänzen: Matting an der Donau, heute ein Ortsteil von Pentling. Die Fähre hier gilt als älteste und schönste weit und breit! Geduldig wartet sie immer noch auf Gäste für die »Überfuhr«. Dies sind in erster Linie Radfahrer und Fußgänger; Kleinfahrzeuge können aber auch Platz finden.

Von Matting aus ist das andere Ufer des Flusses ohne Riesenumweg nur mit der Fähre zu erreichen – der Ort Sinzing gegenüber hält dazu augenzwinkernden Kontakt. Je nach Strömungsstärke dauert die Überfahrt manchmal fünf, manchmal 15 Minuten. Ein echter Spaß für Groß und Klein. Die Mattinger Donaufähre ist eine Gierseilfähre und damit in der heutigen Zeit eine absolute Seltenheit. Sie hängt quasi an einem Hochseil und nutzt die Flussströmung aus. Der Volksmund nennt sie »fliegende Brücke«. 1854 wurde vom König die Genehmigung erteilt – in jüngerer Zeit hat es aber immer wieder Schwierigkeiten gegeben: Betrieben wird die Donaufähre nämlich traditionsbewusst von der Gemeinde.

Die Regeln für deutsche Bundeswasserstraßen – und hier ist die Donau Teil des Main-Donau-Kanals – wurden in den letzten Jahren aber verschärft. Deshalb müssen die Mattinger mit ihrer »fliegenden Brücke« immer wieder um die Erlaubnis bangen.

Auf jeden Fall kann aber von der Fähre aus die Umgebung genossen werden: Der europäische Strom Donau wird hier zu einer Flussschleife, die sich zwischen Bad Abbach und Sinzing in die Kalksteine des Oberen Jura eingegraben hat. Kein Wunder also: Die Mattinger Hänge – unmittelbar an der Grenze der Oberpfalz zu Niederbayern – stehen bereits seit den 1940er Jahren unter Naturschutz.

Die überreiche Artenvielfalt der Jurahänge war der wesentliche Grund für diese Maßnahme: mehr als 600 Schmetterlingsarten wurden gezählt. Darüber hinaus gibt es über 20 Felsköpfe in dem Gebiet.

Adresse Mattinger Straße 29, 93080 Pentling-Matting | **Pkw** Regensburg Prüfeninger Straße bis zur westlichen Stadtgrenze, nach einer Bahnunterführung Ortsbeginn Matting, hier den Pkw abstellen, kurzer Fußweg bis zum Donauufer | **Tipp** Das Haus Appoltshauser, ein in den 1990er Jahren saniertes Gebäude, beherbergt die urige Gaststätte »Zunftstüberl«.

26 Der Adlersberg

Starkbier, Gemütlichkeit und eine uralte Klosterkirche

Im Regensburger Veranstaltungskalender gibt es ein Datum, das Rentner und Studenten, Trachtler und Jeansträger, Schickimickis und Normalos gemeinsam an die Bierbänke treibt: Am Palmsonntag »pilgern« Abertausende zum großen Bierfest auf den Adlersberg. Hier gibt es jenes dunkle, süffige Starkbier, das schon vielen Generationen von Gästen so heftig zu Kopf gestiegen ist, dass dieser noch einige Tage schmerzte. Aber: Der Palmator muss eben sein!

Im Jahr 1838 erwarb der Braumeister Michael Prößl das Ökonomiegut und die »Breystadt« auf dem Adlersberg. Seit dieser Zeit gibt es hier in der fünften Generation der Familie selbst gebrautes Bier und schnörkellose Hausmannskost. Der Biergarten ist urig, die alten Kastanienbäume spenden angenehmen Schatten.

Auf dem rückwärtigen Gelände steht etwas versteckt die ehemalige Klosterkirche. Mitte des 13. Jahrhunderts wurde das Dominikanerinnenkloster Adlersberg von Herzog Ludwig dem Strengen gegründet und erbaut. Nonnen von Weißenburg entfalteten hier fast 300 Jahre lang klösterliches Leben. Wie es heißt, waren hier viele unverheiratete Töchter aus dem reichen Landadel untergebracht. Immerhin konnten sie auf eine abwechslungsreiche, leicht geschwungene Landschaft blicken.

Später kam das Kloster zu den Dominikanerinnen vom Heiligen Kreuz in Regensburg, dann wechselten die Besitzer – mit der Säkularisation 1803 ging das Kloster schließlich unter. Die Hofmark wurde letztlich zum Wirtshaus, der Kirchenbau kam nach langem Streit zur Kirchenverwaltung Pettendorf. Besonders interessant in der trutzigen Kirche, die im Volksmund »Maria der Verlassenheit« genannt wird: die Adlersberger Madonna auf dem Altar und die gotischen Wandmalereien. Sie dürften aus dem Umfeld des bayerischen Herrschergeschlechts der Wittelsbacher stammen. Heute werden hier gern Hochzeiten gefeiert, und es finden qualitätsvolle Kirchenkonzerte statt.

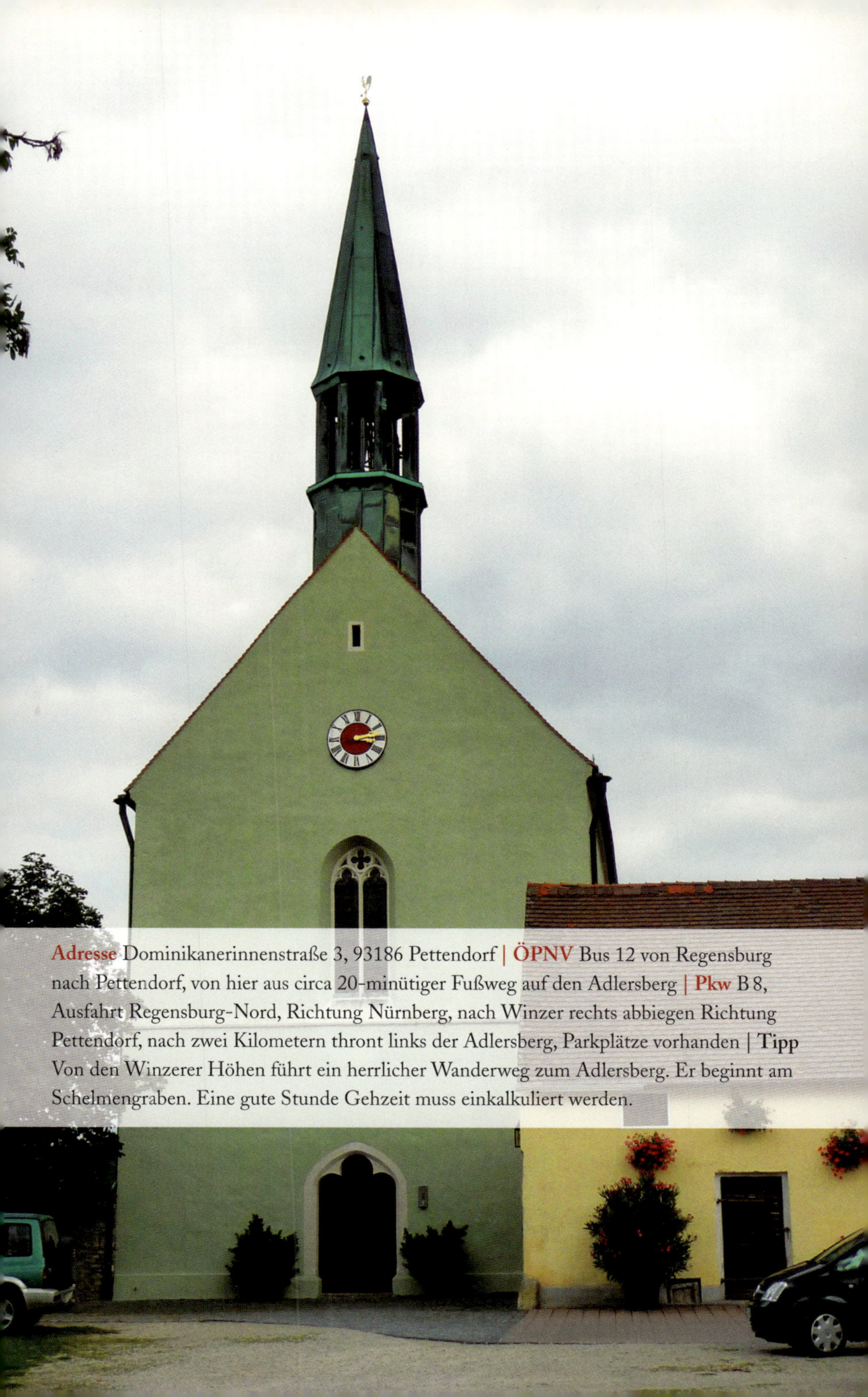

Adresse Dominikanerinnenstraße 3, 93186 Pettendorf | **ÖPNV** Bus 12 von Regensburg nach Pettendorf, von hier aus circa 20-minütiger Fußweg auf den Adlersberg | **Pkw** B 8, Ausfahrt Regensburg-Nord, Richtung Nürnberg, nach Winzer rechts abbiegen Richtung Pettendorf, nach zwei Kilometern thront links der Adlersberg, Parkplätze vorhanden | **Tipp** Von den Winzerer Höhen führt ein herrlicher Wanderweg zum Adlersberg. Er beginnt am Schelmengraben. Eine gute Stunde Gehzeit muss einkalkuliert werden.

27 Der Campingplatz

Mit dem eigenen Haus unterwegs

Die leicht gewundene Kreisstraße im Naabtal westlich von Regensburg führt kurz vor Etterzhausen in eine Naturlandschaft, die eigentlich am sinnvollsten auf zwei Rädern zu erkunden ist. Radfahrer finden demzufolge zwischen der Straße und dem Fluss Naab einen durchgehenden Radweg bis nach Luhe-Unterwildenau mit einer Gesamtlänge von fast 100 Kilometern.

Es geht weitgehend steigungsfrei voran, die Route ist ideal für Familienunternehmungen geeignet. Eine Haltestation sollte Pielenhofen sein. Der Ort wird durch steil abfallende Jurafelsen »natürlich« begrenzt und von dem ehemaligen Zisterzienserinnenkloster dominiert. Die Türme der barocken Hallenkirche grüßen ins Umland. In der Klosterwirtschaft nehmen auch gern Kanu- und Paddelbootfahrer Platz. Die Naab ist ein bevorzugtes Revier für »nasse« Unternehmungen.

Verständlich markierte Wanderwege, etwa zum Osterfelsen, erleichtern die Orientierung für Zeitgenossen, die auf zwei Füßen und mit Rucksack unterwegs sind. Von Pielenhofen aus zu erreichen ist auch noch einer der unbestritten schönsten Campingplätze der Region. Er liegt unmittelbar eingebettet in eine etwas abgelegene Wiesen- und Waldlandschaft. Viele der Campinggefährte stehen das gesamte Jahr über auf dem Platz. Stammgäste sind hier überhaupt der Normalfall. Dies verwundert nicht, da sich von dieser Basis aus Erkundungen in die ganze Oberpfalz förmlich aufdrängen. Auf dem sechs Hektar großen Platz werden Ziegel- und auch Holzbauten angeboten. Veranda und Stellplatz sind in unterschiedlichen Größen vorhanden, sogar Küchenzeilen mit Kühlschrank und Kochplatten gehören zur Ausstattung. Versprochen wird nicht nur ein vielfältiges Freizeitangebot. Besonders preisgünstig sind Speis und Trank. Das außergewöhnlich gepflegte Gasthaus des Campingplatzes gibt sich bodenständig und gastlich – bei schönem Wetter gern auch in dem davorliegenden Biergarten.

Adresse Distelhausen 2, 93188 Pielenhofen, www.camping-pielenhofen.de | Pkw B 8 von Regensburg kurz vor Etterzhausen rechts abbiegen in Richtung Amberg, circa 6 Kilometer bis Pielenhofen. Hier ist der Campingplatz ausgeschildert. | Öffnungszeiten ganzjährig geöffnet | Tipp Besuchen Sie unbedingt das nahe gelegene Kallmünz. Hier finden Sie an allen Ecken Kultur und Genuss.

28 Die Franziskuskirche

»Und das soll ein Gotteshaus sein?«

Burgweinting wurde in den 1970er Jahren der Stadt Regensburg angegliedert und bald kräftig durcheinandergeschüttelt: Erst kam die Autobahnanbindung, dann ein großes Gewerbegebiet, schließlich ließen neue Baugebiete die Einwohnerzahl auf 10.000 ansteigen. Da wurde dann auch die angestammte Kirche St. Josef zu klein. Direkt daneben gingen die Verantwortlichen Anfang der 2000er Jahre daran, ein neues Gotteshaus zu bauen.

Diese St. Franziskus-Kirche und das angefügte Pfarrzentrum sorgen dabei nach wie vor für Diskussionen – meist mit dem Ergebnis: Das ist doch niemals eine Kirche! Oder: Diese Architektur ist höchst interessant. Von außen empfängt den Besucher ein kastenartiger Bau mit dem zweifelhaften Charme eines rechteckigen Zweckbaus. Ein Campanile steht wie isoliert daneben. Das Glas der Eingangstür nimmt den »Sonnengesang« des heiligen Franz von Assisi als Thema auf. Symbolisch steht das Farbspektrum Gelb, Orange, Rot für Sonne, Wärme, Licht.

Und dann der Kirchenraum – alles ist extrem schmucklos, wirkt aber außergewöhnlich beruhigend. Das beherrschende Material, in leichtes Grün getauchter Ziegel, durchzieht und formt das Innere. Nach oben hin öffnet sich ein Zeltdach und lässt Licht herein. Altar sowie Ambo bestehen lediglich aus Stein und Edelmetall. Nichts stört hier die Einfachheit, für Ablenkung ist kein Platz. Alles ist betont einfach, schnörkellos.

Und auch wenn es wie ein Widerspruch erscheint: Die Atmosphäre kann auch barock wirken. Der ovale Kirchenraum lässt alle Möglichkeiten der Anteilnahme zu. Die Konzentration auf das Anliegen des Besuchers wird herausgefordert. Sei es nun ein geistliches oder ein architektonisches Interesse. Kein Kunstwerk ist zu sehen – die Nischen für die Seitenaltäre erweitern lediglich den Spannungsbogen. Hier wird nicht ein weiteres »Museum« angeboten, sondern ein moderner Bau mit eigenem Charakter.

Adresse Obertraublinger Straße 20, 93055 Regensburg-Burgweinting | **ÖPNV** Hbf Regensburg, Bus 9, Haltestelle Burgweinting Kirche | **Öffnungszeiten** Mo–So 10–18 Uhr | **Tipp** In Nachbarschaft der Kirche gibt es eine der artenreichsten Reptilien-Schauanlagen Deutschlands.

29 Das Achmann-Haus

Expressionismus in der Provinz

Zu den in Regensburg weitgehend unbekannten einheimischen Künstlern gehört der Maler und Grafiker Josef Achmann. Dabei war der 1885 geborene Sohn eines Hafnermeisters einer der überregional wichtigsten und nachhaltigsten Künstler der Donaustadt. An seinem Elternhaus Am Königshof 2 erinnert noch eine Gedenktafel an den Kulturrebellen.

Achmann studierte unter anderem an der Akademie der Bildenden Künste in München, lernte in Paris dazu und hatte auch ein eigenes Atelier im historischen Regensburger Runtingerhaus. Vor allem die Zusammenarbeit mit dem Regensburger Dichter Georg Britting hat in der Kunstwelt überdauert: Die beiden redigierten gemeinsam die Kunst- und Literaturzeitschrift »Die Sichel« (1919–1921). Britting und Achmann waren kurz nach dem Ersten Weltkrieg die Exponenten eines aufmüpfigen Kulturkreises, der gegen die weitgehende Lethargie in der Provinzstadt Regensburg anging: Durch Kunst sollte ein bewusster lebender Mensch angeregt werden – so das Anliegen. In den Ausgaben der »Sichel« ergänzten sich Dichtung und bildende Kunst – Erstdrucke von Lyrik, Prosa und Grafik junger Künstler waren der Inhalt. Die Arbeit dazu erledigten die beiden Künstler im Obergeschoss des Elternhauses von Achmann. Georg Britting schrieb über die Unterkunft: »Die beiden Zimmer, in denen wir leben, sind klein und niedrig. Wir beklagen uns nicht! Die Wände sind bedeckt mit Achmanns Bildern und Schnitten und Zeichnungen (…). Die zwei Zimmer sind sehr schön. Aber sie haben wenig Tageslicht.«

Das Haus mit einem Halbwalmdach aus dem frühen 19. Jahrhundert ist auch heute noch zu sehen – es beherbergt heute ein eher verstecktes Lokal mit einem winzigen Biergarten davor. Das Experiment »Die Sichel« wurde übrigens nach zwei Jahren eingestellt. Josef Achmann war es zu eng geworden in Regensburg. Er ging nach München. Nach 1935 ereilte ihn hier das Ausstellungsverbot der Nazis.

Adresse Am Königshof 2, 93047 Regensburg-Innenstadt | ÖPNV Hbf Regensburg, Bus A, Haltestelle Am Königshof | Tipp Unmittelbar beim Achmann-Haus wurden Reste der historischen Römermauer von Regensburg freigelegt. Hier war die östliche Begrenzung der alten Befestigungsanlage.

30 Die älteste Hausnummer

Versteckt in der Wahlenstraße

Im ehemals gotischen Eckhaus am nördlichen Ende der Wahlenstraße ist unter dem Kastenerker eine nahezu verblasste, kleine Steintafel mit der Nummer 768 zu entdecken – es ist die einzige noch vorhandene Hausnummer aus reichsstädtischer Zeit.

Insgesamt rund 1.000 bürgerliche Häuser unter städtischer Gerichtsbarkeit wurden Ende des 18. Jahrhunderts mit fortlaufenden Nummern belegt. Das erleichterte die Orientierung – nicht zuletzt wegen der Steuereinnahmen der Stadt. Heute trägt das umgebaute Enslinhaus in der Wahlenstraße die Hausnummer 3.

Der Straßenname wiederum gehört zu den ältesten überlieferten Namen der Stadt. Hier lebten zu Beginn des 12. Jahrhunderts handeltreibende Menschen, die wahrscheinlich aus dem heutigen Italien stammten. Sie wurden von den Heimischen Wahlen oder Welsche genannt.

Die Umgebung war ein typisches Kaufmannsviertel – dies ist ja zum großen Teil auch heute noch so. Die früher wichtigsten Handelsleute errichteten zum Zeichen ihres Reichtums und ihres gesellschaftlichen Status hoch aufragende, burgartige Wohnhäuser. Je höher, desto reicher, so die Devise. Bauliches Vorbild für die mächtigen Patrizierburgen waren entsprechende Bauten in Italien. Bei Handelsreisen entdeckt, erschien diese Form der Selbstdarstellung als außergewöhnlich erstrebenswert und prestigeträchtig.

Der höchste dieser einstmals gut 40 Patriziertürme in der Innenstadt war der Goldene Turm in der Mitte der Wahlenstraße. Er ist immer noch eines der wichtigsten Aushängeschilder der Regensburger Altstadt. Mit 50 Metern Höhe bei neun Stockwerken wird er von den Touristikern als »der höchste Hausturm nördlich der Alpen« bezeichnet. Im Hof dieses stolzen Bauwerks gibt es noch Überbleibsel von eleganten Renaissancearkaden. Der Goldene Turm dient seit seiner Sanierung in den 1980er Jahren als Studentenwohnheim.

Adresse Wahlenstraße 3, 93047 Regensburg-Innenstadt | **ÖPNV** Altstadtbus, Haltestelle Altes Rathaus | **Tipp** Die Buchhandlung »Atlantis« in der Wahlenstraße genießt Kultstatus unter Literaturfreunden. Ausgezeichnete Beratung bietet auch der Buchladen »Altenbuchner« am Kohlenmarkt. Die Blumenpracht am Haus wurde schon mehrfach ausgezeichnet.

31 Das Brückturm-Museum

Weiter Ausblick aus winzigen Zimmern

Weltwunder des Mittelalters oder imposantes Eingangstor zur Stadt – all dies wird immer wieder über die Steinerne Brücke von Regensburg gesagt. Nichts davon ist übertrieben. Den umfassendsten Überblick auf das Bauwerk bekommt man vom einzig verbliebenen Brückenturm aus – und das ist gar nicht so geläufig.

Der Interessierte sollte also in den mächtigen Salzstadel hinein- und über ein paar enge Stufen zu jenem kleinen Museum hinaufgehen, wo nicht nur weitere Erklärungen, sondern auch die entsprechende Aussicht warten. Die steinernen Bögen überspannen den Fluss Donau am nördlichsten Punkt seines europäischen Laufs.

Die 336 Meter lange Brücke mit 16 Brückenpfeilern wirkt zeitlos elegant. Man bekommt einen beinahe Ehrfurcht gebietenden Eindruck von dem handwerklichen und technischen Können der damaligen Baumeister. Sie war ja auch Vorbild für die Prager Karlsbrücke. Es gibt nur noch Fußgänger- und Fahrradverkehr auf ihr – die Brücke ist seit Jahren für Autos und Busse gesperrt. Der Grund: Gefährdung der historischen Bausubstanz. Am Brückenscheitel blickt das viel bestaunte Bruckmandl auf den Dom. Diese Figur symbolisierte einst – so eine der vielen Deutungen – die städtischen Freiheitsrechte und die Emanzipation gegenüber der Vormundschaft des Bischofs. Und: Am Nordende der »Steinernen« ist bei Stadtamhof die frühere Staatsgrenze zwischen dem Herzogtum Bayern und der Freien Reichsstadt Regensburg zu sehen.

Kurz zurück zum Brückturm-Museum: Auf den verschiedenen Ebenen der unaufdringlichen Einrichtung gibt es Modelle, prägnante Texte, bildhafte Ansichten. Dass so eine Brücke durchaus verschiedene Aspekte haben kann, wird dabei auch deutlich: Sie war und ist ja durchaus auch ein Hindernis für die Schifffahrt. Daher gibt es in diesem Bereich der Donau nur noch Sportboots- sowie Ausflugsschiffsverkehr. Interessant im Brückturm-Museum ist auch noch ein original erhaltenes Turmuhrwerk.

Adresse Weiße-Lamm-Gasse 1, 93047 Regensburg-Innenstadt | ÖPNV Altstadtbus, Haltestelle Fischmarkt | Öffnungszeiten täglich 10–19 Uhr | Tipp Gehen Sie unbedingt ins Besucherzentrum Welterbe am Eingang zum Brückturm-Museum. Hier erfahren Sie alles Wissenswerte über Historie und Gegenwart von Regensburg.

32 Der »Bürsten-Ernst«

Ein Kultladen für Anspruchsvolle

Viele der Straßennamen in der Regensburger Altstadt gehen auf das entsprechende Handwerk zurück oder auf ehemalige Wirtshäuser. In der Glockengasse lockte einst der Gasthof »Zur Goldenen Glocke«, der im Jahr 1700 erstmals erwähnt wurde. Die Zecher fanden schließlich andere Möglichkeiten in der Stadt.

Was die Glockengasse aber auch heute noch interessant macht, ist auf jeden Fall ein Familienbetrieb, der 1894 durch Peter Ernst als Bürstenmanufaktur gegründet wurde. Der »Bürsten-Ernst« im Haus mit der Nummer 10 kommt in seinem Verkaufsraum im Stil der 1920er Jahre daher und übt einen eigenartigen Reiz aus. Eine nostalgische Zeitreise beginnt – auch dann, wenn man momentan zum Abstauben von Büchern keine aufwendig hergestellte Bürste aus feinem Ziegenhaar braucht und nicht einmal eine Kleiderbürste aus reinen Schweinsborsten.

Das alles und noch viel mehr wird hier beim Bürsten-Ernst verkauft, aber eigentlich möchte man sich in diesem Laden einfach nur umsehen und staunen. Die raumhohen Regale sind bis unter die Decke hin angefüllt mit handgefertigten Bürsten oder Pinseln in allen Größen und Formen. Es gibt die verschiedensten Haarkämme mit individuell gestalteten Rücken, am Boden sind Fußmatten ausgelegt, Putz- und Reinigungsmittel ergänzen die eindrucksvolle Szenerie. Die Umgebung riecht nach zum Teil exotischen Seifen.

Das kleine Unternehmen wird von Mutter und Tochter des Hauses Ernst geführt – Ökologie und Qualität stehen immer noch im Vordergrund. Die Beratung ist umfassend und sehr persönlich. Schließlich sind alle Bürsten handgefertigt – das darf man getrost erklären.

Die Regensburger Altstadt wird dadurch bereichert – und vielleicht braucht man nicht heute, aber übermorgen eine Haarbürste mit kräftigen Wildschweinborsten. Die gibt es dann sicherlich auch noch im Kultladen in der Glockengasse.

Adresse Glockengasse 10, 93047 Regensburg-Innenstadt, www.buersten-ernst.de | **Öffnungszeiten** Mo–Fr 9–18 Uhr, Sa 9–16 Uhr | **ÖPNV** Altstadtbus, Haltestelle Arnulfsplatz | **Tipp** In der benachbarten Engelburgergasse 23 finden Sie das winzige Schuhgeschäft Lustanowski. Unglaublich, was für ein breites Angebot auf ein paar Quadratmetern Platz finden kann.

33_Die Dächerlandschaft

Auf dem Turm der Dreieinigkeitskirche

Zugegeben: Der Aufstieg zum Nordturm der Dreieinigkeitskirche verursacht ein mehr oder minder anhaltendes Ziehen in den Oberschenkeln. Immerhin sind acht Stockwerke zu bewältigen, mächtige Quadersteine und uralte Balken verengen zunächst auch noch die Sicht. Doch diese öffnet sich am Ausstieg – in luftiger Höhe von fast 40 Metern – ins absolute Gegenteil. Die Aussicht reicht bis weit ins Hinterland hinaus – etwa bis zu den schwingenden Ausläufern des kargen Vorwaldes, zu den Donauhängen und in östlicher Richtung bis zur Walhalla.

Dominant von hier aus ist natürlich das Altstadtzentrum mit dem beherrschenden gotischen Dom St. Peter. Kirchturm grüßt also Kirchturm – der evangelische den katholischen. Beide Konfessionen leben vernünftig zusammen – sich abwechselnde Vormachtbestrebungen mit eingeschlossen. Doch zurück zur Dächerlandschaft: Die in sich verschachtelte, auf immer enger werdendem Platz zusammengewachsene Altstadt erscheint aus luftiger Höhe in einer ungewöhnlichen Perspektive.

Wer von hier aus hinunterblickt, erhält einen besonderen Eindruck vom inneren Gefüge der alten Stadt. Zahlreiche Dachgärten sind nur von hier aus zu sehen, die verschiedenen Farben der zum Teil sehr alten Dachziegel beleben das Gesamtbild, die Patriziertürme erleichtern als Wegweiser die Orientierung. Herausragend ist der 50 Meter emporragende Goldene Turm in der Wahlenstraße. Das Motto der damals reichen Patrizier: Je höher der Turm, desto wohlhabender und damit bedeutender der Besitzer.

Die ohnehin engen Gassen der Altstadt sehen von oben noch winziger aus; fast wie kleine Würmchen durchziehen sie die Szene. Viele von ihnen führen auf das Alte Rathaus mit seiner ehemals reichsweiten Bedeutung zu. Der Turm der Dreieinigkeitskirche ist im Sommer übrigens als einziger Kirchturm im Stadtgebiet besteigbar. Ein kleines Museum ist angegliedert.

Adresse Am Ölberg 1, 93049 Regensburg-Innenstadt, www.dreieinigkeitskirche.de | ÖPNV Altstadtbus, Haltestelle Arnulfsplatz | Öffnungszeiten So vor Ostern – 1. Novemberwochenende Mo – So 12 – 18 Uhr (bei schönem Wetter Spätöffnungen) | Tipp Tauchen Sie jetzt in das Gassengewirr der alten Stadt ein. Auf dem Weg durch die Untere und Obere Bachgasse kommen Sie am Orphée vorbei: Hier darf es ein Glas französischer Wein sein. Das originelle Lokal wird Ihnen gefallen!

34_Das document niedermünster

Die »steinalte« Stadt

Es ist hochspannend, unter der romanischen Niedermünsterkirche eine der größten archäologischen Ausgrabungen Deutschlands zu besuchen. Hier blättert sich die uralte Siedlung am nördlichsten Punkt der Donau auf. Das »document niedermünster« hat zwar einen wissenschaftlichen Hintergrund – es gibt sich aber erfreulich mitteilsam und: verständlich.

Auf einer Fläche von 600 Quadratmetern werden die Fundamente Regensburgs sichtbar, man muss nur ein paar Stufen hinuntersteigen: Die Baracken des römischen Lagers Castra Regina werden lebendig, dazu die Pfalzkapelle aus dem 7. Jahrhundert sowie Gräber von weltlichen und kirchlichen Fürsten. Richtiggehend plastisch wirkt dieser Geschichtsunterricht durch die verwendete 3-D-Technik.

Wer weiß eigentlich schon, dass in dem im Jahr 179 nach Christus gegründeten Lager 6.000 Soldaten bei der III. italienischen Legion stationiert waren? Fundamente aus dieser Zeit weisen nach, dass das Lager von einer 2.000 Meter langen Mauer aus mächtigen Quadern umgeben war und über 20 Türme lauernd ins Land blickten. Im 5. Jahrhundert übernahmen die Bajuwaren die Herrschaft. Erste Kirchen wurden gebaut – die Pfalzkapelle errichtet. All dies ist im document buchstäblich nacherlebbar.

Die Führungen sind spannend von der ersten bis zur letzten Minute. Auch das Niedermünster selbst – die kirchliche Heimstätte des documents – wird erläutert. Hier residierten einst die adeligen Damen des Stifts – sie waren überaus selbstbewusst, so heißt es, und zeigten dem »geistlichen Herrn« oft genug die Stirn. Eine besondere Station in diesem faszinierenden »Geschichtsbuch« document ist auch dem heiligen Erhard gewidmet. Seine Grablege aus Tuffplatten ist mit einem römischen Sarkophagdeckel verschlossen. Sie blieb bei sämtlichen späteren Umbauten der Kirche unversehrt.

Adresse Niedermünstergasse 3, 93047 Regensburg-Innenstadt | **ÖPNV** Altstadtbus, Haltestelle Domplatz | **Öffnungszeiten** nur während der Führungen: für Einzelgäste jeweils So, Feiertage und Mo 14.30 Uhr; Treffpunkt ist das Infozentrum Domplatz 5 | **Tipp** Nachdem Sie wieder »aufgetaucht« sind, sollten Sie im lauschigen Domgarten nebenan an der Dombauhütte vorbeigehen. Sie zählt zu den ältesten in Deutschland.

35 Die Dollingersäle

Erinnerung an einen mutigen Bürger

Eine der ältesten deutschen Stadtsagen verbindet sich mit einem mächtigen Baukomplex aus früh- und spätgotischen Bauteilen am Fischgässel – direkt am Alten Rathaus gelegen. Der steinerne Raumkomplex Dollingersaal hinter einem schweren Eingangsportal besteht eigentlich aus zwei verschiedenen Sälen: dem eigentlichen Dollingersaal und dem anliegenden Festsaal. In diesem Festsaal finden bei Veranstaltungen 100 Personen Platz.

Hochzeiten stehen auf der Tagesordnung, Vorträge gewinnen nebenbei an historischem Gewicht, für klassische Konzerte ist die Akustik geschätzt. Die Bewirtung kommt vom Ratskeller. Die Steinstufen wirken zwar kalt, geben dem Raum aber zusätzliche Atmosphäre.

Ins Auge fallen sofort die imposanten Raumplastiken. Sie sind allerdings Gipsabdrücke aus dem 19. Jahrhundert. Die mittelalterlichen Originale konnten nicht erhalten werden. Dargestellt ist auch der Kampf zwischen Hans Dollinger und Crako – der Inhalt der Stadtsage. Nach der Überlieferung forderte im 10. Jahrhundert ein heidnischer Ritter namens Crako die Regensburger Bürgerschaft zu einem Kampf heraus – »höhnisch« soll er dies getan haben. Trotz dieser Provokation fand sich zunächst kein edler Ritter, um stolz zu reagieren. Heute würde man sagen, die edlen Herren hatten wohl die Hosen voll. Letztlich aber hob der Regensburger Bürger Hans Dollinger den Finger. Erleichtert wurde seine Entscheidung wohl durch einen Deal: Dollinger saß im Kerker ein und wollte im Gegenzug für seinen Kampf freigelassen werden.

Beim Showdown auf dem Haidplatz wurde Dollinger zwar zunächst von Crako zweimal aus dem Sattel gestoßen. Doch als ihm König Heinrich ein Kreuz an die Lippen presste, konnte er den Provokateur besiegen. Wenn die Geschichte vielleicht so auch nicht ganz stimmt – sie hört sich jedenfalls heldenhaft an. Ernster Hintergrund dürften die Ungarneinfälle des 10. Jahrhunderts gewesen sein.

Adresse Fischgässel 4, 93047 Regensburg-Innenstadt | ÖPNV Altstadtbus, Haltestelle Altes Rathaus oder Fischmarkt | Öffnungszeiten Erkundigungen bei Touristinformation Regensburg in unmittelbarer Nähe beim Alten Rathaus | Tipp Am Eingang zu den Dollingersälen steht das Denkmal für Don Juan de Austria. Der in Regensburg gezeugte, uneheliche Kaisersohn ist der Held der Seeschlacht von Lepanto gegen die Türken.

36 Die Domfenster

»Mein Auftraggeber ist der Dom«

Wenn Besucher eines Gotteshauses den Kunstprofessor Josef Oberberger nach den neuen Fenstern fragten, so soll er geantwortet haben: »Die anonymen Meister der Glasfenster fordern den anonymen Zeitlosgenossen, nicht den Selbstdarsteller.« Zumindest was den gotischen Dom St. Peter in Regensburg betrifft, sei eine kleine Relativierung der zitierten Demut angedeutet: Die hochkünstlerischen Fenster geben dem Regensburger Dom St. Peter nicht nur wohlproportioniertes Licht, sondern sie holen den Himmel näher zu den Besuchern. Das ist wahrlich eine eigenständige Leistung des in der nördlichen Oberpfalz geborenen Josef Oberberger. Die meisten der Farbfenster waren im 13. und 14. Jahrhundert entstanden. Vor gut 150 Jahren kamen die Fenster der Westfassade dazu. Dann geschah lange Zeit nichts – auch aus Geldknappheit. In den 1960er Jahren arbeitete Oberberger dann bereits im nördlichen Nebenchor.

Den Höhepunkt seiner Arbeit im hohen Lebensalter bildete aber Ende der 1980er Jahre die Ausgestaltung des Regensburger Doms mit 16 vollständig durchgefärbten Mosaikfenstern. Die bisherigen Fenster erschienen zu farblos, nahezu unsichtbar. Dies änderte der Künstlerfreund von Olaf Gulbransson durch freigeschnittene Rauten unterschiedlich getönter Gläser. Durch diese Arbeitsweise konnten Form und Farbe der Glasteile jederzeit geändert und damit den daneben befindlichen Scheiben angepasst werden. Erzeugt wurde damit ein gedämpftes, jedoch sehr stimmiges Mittelalterlicht.

Besonders herausragend ist das 1988 entstandene Pfingstfenster im Westen des nördlichen Querschiffes. Es zeigt Gottvater, Sohn und den Heiligen Geist, umrahmt von Maria und den Aposteln. Das Fenster wurde 1989 anlässlich des 1.250-jährigen Jubiläums des Bistums eingesetzt. Damit ist der Regensburger Dom St. Peter wie im Mittelalter – mit Ausnahme der Obergadenfenster im Langhaus – wieder vollständig farbig verglast.

Adresse Domplatz 1, 93047 Regensburg-Innenstadt | **ÖPNV** Altstadtbus, Haltestelle Domplatz | **Öffnungszeiten** 1. April–31. Okt. 6.30–18 Uhr; 1. Nov.–31. März 6.30–17 Uhr | **Tipp** Gegenüber vom Dom ist der Treffpunkt »Domplatz 5«. Hier finden Sie alles Wissenswerte über die Regensburger Kirchen.

37 Der Eiserne Steg

Liebesbrücke an der Weinlände

»In ewiger Liebe« oder, zeitlich etwas weniger gebunden: »Ich liebe dich.« Unzählige Male sind einschlägige Schwüre an die Gitter des Eisernen Steges gehängt – mit vielfarbigen Vorhängeschlössern unterschiedlicher Größen. Ergänzt werden die Liebesbotschaften noch mit Vornamen oder mindestens Initialen sowie mit dem Datum des ersten Dates.

Wie viele Vorhängeschlösser an der Brücke hängen, ist nicht dokumentiert – auch nicht, wie viele davon bereits wieder abmontiert wurden. Das dürfte allerdings nicht einfach sein, da die Schlüssel unverzüglich in die unter der Brücke fließende Donau geworfen werden – wegen zunächst nicht bezweifelter Ewigkeit der Liebe.

Der Brauch der »Liebesbrücken« kommt aus Italien, findet aber auch in deutschen Städten immer mehr »Liebhaber«. Auf jeden Fall zaubert in Regensburg diese Inszenierung Einheimischen und Touristen ein Lächeln ins Gesicht. Der Blick auf Dom und Steinerne Brücke im östlichen Nahbereich wird allerdings durch die Geländer der Pontonbrücke etwas eingetrübt – sie sind nämlich auf Augenhöhe.

Trotzdem: Das eigentlich sehr schlichte Bauwerk, das 1945 von vorwärtsdrängenden Amerikanern eilig auf zwei Strompfeiler gesetzt wurde, fand im Februar 2012 überraschende Aufnahme in die Liste Bayerischer Denkmäler. Dabei wurden auch die je zwei Aufgänge mit Rampenresten aus dem Jahr 1901 gewürdigt. Diese Entscheidung berührt einen in Regensburg sehr heftig geführten Streit um einen neuen Donauübergang. Im Bereich des Eisernen Stegs ist nämlich eine neue Westtrasse angedacht. Das gefällt den betroffenen Anwohnern überhaupt nicht. Ein derart geschützter Eiserner Steg ist ein weiteres Argument gegen eine neue Westtrasse. Aber: Dieser Streit hat mit Liebe gar nichts zu tun – nicht einmal mit Zuneigung. Zumindest händchenhaltende Pärchen mischen sich deshalb auch nicht ein.

Adresse Eiserne Brücke, 93059 Regensburg-Innenstadt | **ÖPNV** Altstadtbus, Haltestelle Arnulfsplatz oder Fischmarkt | **Tipp** Zwei Gehminuten entfernt vom Eisernen Steg ist das bekannteste Regensburger Wirtshaus, der »Kneitinger«. Hier treffen sich beim Bier die Regensburger aus allen Schichten.

38 Die Emporenbilder

Eine seltene Besonderheit hinter Kirchenmauern

Den eindrucksvollsten Blick auf St. Oswald gewinnt man vom südlichen Donauufer an der Weinlände aus. Wo früher der begehrte Rebensaft seinen Handelsplatz hatte – im Bereich um den Eisernen Steg an der alten Stadtmauer –, war ursprünglich auch der Eingang zum Gotteshaus. Es zeigt von hier aus seine Breitseite. Der später dazugebaute Treppenturm ist noch zu sehen. Der Chor und der östliche Teil des Langhauses der Oswaldkirche entstanden im 14. Jahrhundert. Kurz vorher hatten die beiden Patrizier Friedrich Auer und Karl Prager ein Spital gegründet.

Nach dem Aussterben der Patrizierfamilien ging der Besitz an die Stadt Regensburg über. Seit Mitte des 16. Jahrhunderts wird die Oswaldkirche für evangelische Gottesdienste genutzt. Die barocke Innenausstattung musste wegen Hochwasserschäden mehrfach renoviert werden. Im Kirchenraum selbst strahlt eine umlaufende Empore eine beinahe behagliche Wohlfühlatmosphäre aus.

Zwei Deckengemälde von Moses mit den Gesetzestafeln sowie Christus bei der Bergpredigt geben das Grundthema für den Gesamtzyklus vor: Alttestamentliche Motive werden dabei in Beziehung zum Neuen Testament gesetzt. Insgesamt sind zehn Decken- und fast 30 Emporenbilder zu bestaunen. Als Erweiterung dieses Gedankens könnte man auch das unter Kulturliebhabern geschätzte Bemühen sehen, immer wieder aktuelle Kunstausstellungen im Gotteshaus anzubieten. Ob Fotografie oder moderne Malerei – die gezeigten Exponate bilden einen reizvollen Kontrast zum barocken Innenraum. Dies gilt in besonderem Maße auch für musikalische Abende. Die Oswaldkirche ist etwa geschätzter Aufführungsraum im Rahmen der Reihe »Tage alter Musik«.

Die im späten 18. Jahrhundert gearbeitete Orgel des Regensburger Klavier- und Orgelbauers Franz Jakob Späth sucht in Süddeutschland ihresgleichen. Das Musikinstrument ist nach einer Sanierung in seinem historischen Zustand erhalten.

Adresse Weißgerbergraben 1, 93047 Regensburg-Innenstadt | ÖPNV Altstadtbus, Haltestelle Arnulfsplatz | Öffnungszeiten Sa, So und Feiertage 10.30–16 Uhr | Tipp Versäumen Sie nicht das Kepler-Gedächtnishaus in der nahe gelegenen Keplerstraße. Hier gibt es einen guten Einblick in Leben und Werk des berühmten Astronomen Johannes Kepler.

39 Der Eselsturm

Über die Hartnäckigkeit von Sagen

An der Nordseite des Regensburger Doms St. Peter ist der sagenumrankte »Eselsturm« zu sehen. Er ist ein Überbleibsel des romanischen Vorgängerbaus der Bischofskirche. In seinem Inneren besteht der Eselsturm aus einer stufenlosen Rampe, die sich spiralförmig hinaufwindet. Kalkmörtel schützt den Turm von außen.

Esel sollen beim gotischen Dombau schwere Lasten nach oben befördert haben. In Höhe der Dachgalerie, vom kleinen Höfchen beim Eselsturm sichtbar, ragt die Steinfigur eines männlichen Wasserspeiers aus der Wand.

Nach einer immer wieder gern wiederholten Stadtsage stellt diese Skulptur den Baumeister dar. Dessen Beine – so sieht es von unten aus – stemmen sich gegen die Steinquader. Der Kopf mit geöffnetem Mund und großer Hakennase stützt sich auf einen Krug, aus dem ehemals Wasser ablief. Der Überlieferung nach stürzte sich der Dombaumeister in die Tiefe. Er hatte eine Wette gegen den Brückenbaumeister verloren. Dieser sei mit der Brücke schneller fertig geworden als er mit seinem Dombauwerk. Die Sage nimmt allerdings keine Rücksicht darauf, dass die Steinerne Brücke schon 100 Jahre lang fertig stand, bevor der Grundstein des gotischen Doms gelegt wurde.

Die Verbindung zur realen Gegenwart stellt der Eselsturm dadurch her, dass ihn die Mitarbeiter der Dombauhütte immer noch dafür verwenden, schweres Material in die oberen Bereiche der Kathedrale zu befördern. Ihre Werkstatt haben die Steinmetze im schattigen Domgarten, gleich neben dem Eselsturm.

Seit 1923 werden an Ort und Stelle die schadhaften Teile des Gotteshauses bearbeitet. Dabei wird ausschließlich mit Handwerkzeugen gearbeitet. Diese Spezialanfertigungen werden ebenfalls in der Bauhütte in Eigenregie hergestellt – angepasst an die speziellen Erfordernisse einer jahrhundertealten Bauerfahrung. Die Berufskollegen vor 500 Jahren gingen auch nicht anders zu Werke.

Adresse Domplatz 1, 93047 Regensburg-Innenstadt | ÖPNV Altstadtbus, Haltestelle Domplatz | Tipp Beim Teehaus Bachfischer am Kapellenplatz in der Nähe sollten Sie Station machen. Die Beratung hier genießt einen ausgezeichneten Ruf.

40__Der Gänsepredigerbrunnen

Fuchs, du hast die Gans getäuscht

Der Bischofshof ist der »Bauch« der Regensburger Altstadt. Zum einen gibt es hier gutes Essen, andrerseits liegt der Bischofshof geschützt, nahezu eingebettet in ein abgeschlossenes Areal zwischen Dom und Donau, mitten in der Altstadt. Hier könnte man die Tore zumachen – und die Welt wäre ausgesperrt. So haben es in früheren Zeiten tatsächlich einige Domherren gehalten: draußen die belagerte Not, drinnen die reichlich gefüllten Keller und der mauerdicke Schutz.

Heute dürfen alle ins Innere, und nach bezahlter Zeche auch wieder hinaus aus Biergarten, Wirtshaus oder Hotel. Überdies gibt es in der ehemaligen Bischofsresidenz noch mindestens drei Sehenswürdigkeiten: Im ersten Stockwerk ist zuerst das Dalberg-Zimmer zu nennen. Der geschichtliche Hintergrund: 1810 zwang Napoleon Kurerzkanzler Carl von Dalberg, das geistliche Fürstentum Regensburg an das neu gebildete Königreich Bayern abzutreten. Regensburg wurde dadurch Hauptstadt des neuen bayerischen Regenkreises. Dies wurde im Dalberg-Zimmer vollzogen.

Dann gibt es an der Nordseite des Hofs den Eingang zum Domschatzmuseum und den Gänsepredigerbrunnen. Der in Süddeutschland mit seinen Werken sehr erfolgreich vertretene Eggenfeldener Bildhauer Joseph Michael Neustifter hat dabei 1980 eine Allegorie humorvoll und hintergründig in einem Bronzebrunnen verarbeitet: Der Fuchs lag auf der Lauer nach einer fetten Gans. Weil die Beute immer wieder entwischte, wandte er eine List an. Er verkleidete sich als Pfarrer und fing an zu predigen. Mitreißend war die Darbietung wohl nicht: Die Gänse ermüdeten nach und nach. Als sie schließlich fest eingeschlafen waren, war der Fuchs wieder Fuchs und hat sich ein Exemplar des Federviehs geschnappt. Und was lehrt uns dies für das weitere Leben? Achte auf falsche Prediger! Tröstlich, dass die Regensburger Geistlichkeit die Aufstellung des Kunstwerks in Auftrag gab!

Adresse Krauterermarkt 3, 93047 Regensburg-Innenstadt | ÖPNV Altstadtbus, Haltestelle Domplatz | Tipp Am Eingang zum Bischofshof finden Sie die besterhaltenen Reste der ehemaligen Römermauer. Die müssen Sie bei einem Regensburg-Besuch gesehen haben.

41 Die Gassenvielfalt der »nördlichsten Stadt Italiens«

Venedig an der Donau

Nomen est omen: In der Tändlergasse boten die Krämer und Händler ihre Waren an, in der Alten Manggasse wurde die Wäsche geglättet, die Waffnergasse beherbergte die Waffenschmiede, die Kreuzgasse führt nach wie vor zu dem gleichnamigen Kloster, und in der Pfauengasse war die Gaststätte »Zum Goldenen Pfau« zu Hause. Wie überhaupt immer wieder Namen von Gasthäusern gern verwendet wurden. Und was hat es dann mit dem Kuhgässel auf sich? Es liegt hinter dem innerstädtischen Verkehrsknoten Arnulfsplatz und gilt als engste Gasse von Regensburg. Das Kuhgässel führt zur Donau hinunter und ist tatsächlich erdrückend eng. Überzeugen Sie sich selbst davon – und hoffen Sie auf keinen »Gegenverkehr«. Zwei Personen kommen hier kaum aneinander vorbei.

Wie in Regensburg oft der Fall, ist auch das Kuhgässel Gegenstand einer Sage – besser gesagt gibt es zwei Varianten: Nach der einen ging hier ein Bäckerbub mit einem Brotkorb in der Hand, als ihm eine Kuh entgegenkam. Die Geschichte ging fatal zu Ende: Der junge Bäcker wurde von der Kuh erdrückt. Deshalb sind an einer Stelle der Gasse an einer Wand zwei steinerne Semmeln (für Nichtbayern: Brötchen) verewigt. Nach der zweiten Variante der Geschichte wurde der junge Mann anstatt von einer Kuh von einer Hexe erdrückt. Darum hieß das Kuhgässel früher auch Hexengässchen. Das machte allerdings die Sache für den Bäckerlehrling auch nicht erfreulicher.

Bleiben wir noch einen Moment am Arnulfsplatz im westlichen Teil der Altstadt. Schon zur Römerzeit gab es diesen Kreuzungspunkt von Handels- und Heerstraßen. Im Mittelalter diente das Areal außerhalb der damaligen Stadtmauern auch als Lager- und Hinrichtungsstätte. Mit dem Bau des Stadttheaters Anfang des 19. Jahrhunderts wurde der nördliche Teil des Jakobsplatzes abgeteilt und dann in Arnulfsplatz umbenannt.

Adresse Altstadt, 93047 Regensburg-Innenstadt | ÖPNV Altstadtbus, Haltestelle Arnulfsplatz | Tipp Erkunden Sie die Gassenvielfalt der Stadt am besten zu Fuß oder mit dem Altstadtbus. Sie werden sehen: Sie kommen immer wieder zum Dom oder zum Alten Rathaus zurück. Einkehrmöglichkeiten gibt es an jeder Ecke. Versprochen.

42__Der Gesandtenfriedhof

Die Ruhestätte der Hochwohlgeborenen

Der kleine Friedhof an der Dreieinigkeitskirche ist im eiligen Vorbeigehen am Ölberg kaum wahrzunehmen. Doch er verdient als geschichtliches Zeugnis erster Güte gesteigerte Aufmerksamkeit. Weil die schweren Eisengitter in der engen Nische zwischen der Südwand der Kirche und der angrenzenden Häuserrückwand nicht immer geöffnet sind, muss gelegentlich auch ein sehr eingeengter Blick auf den einzigen heute noch erhaltenen Friedhof auf reichsstädtischem Grund genügen.

Ins Blickfeld gerät von dieser Stelle aus zunächst ein vierseitiger Portikus mit der lebensgroßen Statue des Generals Esaias von Pufendorf. Der Gesandte des dänischen Königshauses verstarb 1689 in Regensburg. Und genau weil ihn dieses Schicksal ereilte, wurde er auf dem Kirchhof der Dreieinigkeitskirche begraben. Das Beerdigungsrecht wurde nämlich ausschließlich denjenigen evangelischen Gesandten zugestanden, die während ihres Dienstes in der Stadt verblichen sind. Die römisch-katholischen Gesandten mit gleichem Ende fanden dagegen in der Reichsabtei St. Emmeram ihre letzte Ruhestätte. So waren die Konfessionen auch im Tod getrennt.

Die an den Wänden aufgestellten Epitaphien dienen der Ehrung und Erinnerung an die Verstorbenen. Sie ziehen die Aufmerksamkeit auf sich. Das bucklige, unregelmäßige Pflaster davor unterstreicht die geschichtliche Note des Ortes.

Ein »Begräbnisverzeichnis für den Friedhof der protestantischen Gesandten am Immerwährenden Reichstag bei der Dreieinigkeitskirche in Regensburg für den Zeitraum 1641 bis 1787« zählt etwa 100 Grabstellen auf. Die Herrschaften waren geheime Räte, hörten auf die Namenszusätze »von und auf« oder wenigstens »von«. Entsandt waren sie aus dem gesamten Reich, und sie vertraten die Interessen von noch Mächtigeren, als sie es selbst waren. Ihre Arbeitsstelle Regensburg wurde immer mehr zur Heimat – schließlich zur ewigen.

Adresse Am Ölberg 1, 93049 Regensburg-Innenstadt | **ÖPNV** Altstadtbus, Haltestelle Arnulfsplatz | **Öffnungszeiten** So vor Ostern – 1. Novemberwochenende täglich Mo – So 12 – 18 Uhr | **Tipp** Am nahen Albertus-Magnus-Platz liegt die Dominikanerkirche St. Blasius. Sie ist eine der frühesten gotischen Bettelordenskirchen in Deutschland aus dem 13. Jahrhundert.

43__Der Herzogspark

Insel für Verliebte

»Vorsicht – das Tor schließt am Abend automatisch.« So steht es am Eingangstor zum Herzogspark, wobei manch einer schon gedacht haben mag: »Na und, dann bleiben wir eben hier!« Der Herzogspark am westlichen Ende des Altstadtgürtels umfasst nur etwa 1,5 Hektar, zählt damit zu den kleineren Grünanlagen der Stadt. Er ist aber so idyllisch, dass er seit jeher eine regelrechte Insel für Verliebte aller Jahrgangsstufen ist. Im Mittelalter war der heutige Park Teil der Stadtumfriedung bei der sogenannten Westnerwacht. Darauf weist der viergeschossige Prebrunnturm noch hin. Hier führte die Handelsstraße von Regensburg nach Nürnberg vorbei. Der Turm steht vor einem aufgeschütteten Basteihügel aus dem 16. Jahrhundert. Er kann im Sommer bestiegen werden.

Die wundervolle Silhouette der Altstadt und der vorbeifließende Donaustrom öffnen sich dem Betrachter. Der Herzogspark ist eine liebevolle Symbiose aus Kunst- und Baudenkmälern aus verschiedenen Epochen – dazu lockt die auf kleinen Wegtäfelchen beschriebene Pflanzenvielfalt. Hier Granitfindlinge, dort aufragender, altehrwürdiger Baumbestand. Zu bestaunen sind botanische Lehr- und Themengärten, ein Rosengarten, Glockenblumen, Strauchheiden – einladende Bänke an den Gehwegen bieten die Gelegenheit zum Verweilen.

Im südlichen Teil bildet ein prächtiger Renaissancegarten das Herzstück des Herzogsparks. Ein achteckiger Brunnen aus Natursandstein ist dabei wiederum Ausgangspunkt für Wegflächen, die mit niedrigen Buchsbaumhecken gesäumt sind. Dieser charmanten Einladung zu einem anregenden, erweiternden Spaziergang kommt der Besucher gern nach. Den südlichen Abschluss bildet das Württembergische Palais mit dem Naturkundemuseum Ostbayern. Und was die Frischverliebten betrifft: Im Herzogspark werden später gern die Hochzeitsfotos aufgenommen. Zur Erinnerung an scheues Händchenhalten und den allerersten Kuss.

Adresse Prebrunnallee am Prebrunntor, 93047 Regensburg-Innenstadt | **ÖPNV** Altstadtbus, Haltestelle Fischmarkt oder Arnulfsplatz | **Öffnungszeiten** Mo 9–12 Uhr, Di–Fr 9–16 Uhr, So 10–17 Uhr | **Tipp** Besuchen Sie das unmittelbar angrenzende Naturkundemuseum Regensburg. Sie lernen dabei eine Menge über heimische Flora und Fauna.

44 Das Karavan-Denkmal

Ein eindrucksvolles Beispiel für Verständigung

Die Szenerie könnte nicht harmonischer sein: Kinder laufen kreuz und quer durch das Bodenrelief, Jugendliche verrenken sich beifallheischend als Breakdancer, ältere Menschen halten in der Sitzmulde einfach Rast: Das außergewöhnliche Denkmal des weltweit bekannten Künstlers Dani Karavan ist selbstverständlicher und überaus angenommener Teil des Neupfarrplatzes – was kann Besseres über ein Denkmal gesagt werden?

Das begehbare Bodenrelief Misrach (hebräisch für »Osten«) wurde von Karavan als Begegnungsstätte geplant. Es ist aus glattem Scheinmarmor gestaltet. Angedeutete Säulen erinnern an die zentrale Lage der uralten, weit über Regensburg hinaus bekannten Synagoge an diesem Platz. Skepsis war im Vorfeld durchaus angesagt: Wie könnte das »offene Denkmal« gegen Verschmutzung beispielsweise geschützt werden? Karavan achtete auch deshalb auf beste Oberflächengüte der verwendeten Betonteile – manch einer dachte schon, das funktioniert einfach nicht.

Alle Bedenken wurden bisher von der Realität widerlegt. Mit dem Relief zeichnet der jüdische Künstler den Grundriss der beim Regensburger Pogrom von 1519 zerstörten Synagoge nach – und man kann das Bodenrelief ganz einfach betreten. Hier ist keine »Hemmschwelle« eingebaut. Alles ist weltoffen. Das 2005 übergebene Denkmal ehrt die Regensburger Stadtgesellschaft. Zum Hintergrund: Im Mittelalter war an der Stelle des heutigen Neupfarrplatzes das Regensburger Judenviertel. Die Gemeinde hatte eine eigene Verwaltung, auch einen eigenen Richter.

Das traurige Ende von religiösem Judenhass war die Vertreibung der etwa 500 Personen umfassenden jüdischen Gemeinde am Beginn des 16. Jahrhunderts. Ihr etwa zwei Hektar umfassendes Wohnviertel wurde planmäßig geschleift.

Am Neupfarrplatz entstand infolge einer Marienwallfahrtskirche die spätere evangelische Neupfarrkirche.

Adresse Neupfarrplatz, 93047 Regensburg-Innenstadt | **ÖPNV** Altstadtbus, Haltestelle Neupfarrplatz | **Tipp** Neben dem Denkmal lädt in den Sommermonaten das Eiscafé Gelini zum Verweilen ein. Beim Konsumtempel Galeria Kaufhof ist noch ein Teil der historischen Feuerwache zu sehen.

45 Die Kramgasse

Immer schon »geschäftig«

Die Kramgasse – und auf halber Höhe abzweigend die Tändlergasse – sind schon im 13. Jahrhundert als Gebiet »bei den Gebrauchsgegenständen« ausgewiesen. Später lockte das Gebiet »unter den Chramen« die Landbevölkerung und auch Bürgerlichen an: Hier boten die Krämer und Kleinhändler ihre Erzeugnisse für den Alltagsgebrauch an.

Dies ist heute kaum mehr der Fall. Eindeutig dominiert das touristische Angebot. Dementsprechend geben Boutiquen und Antiquitätenläden unterschiedlicher Klassen den Ton an. Schmuck ist wohlfeil, Souvenirs natürlich, Secondhandangebote, Accessoires. Ein Hutmacher wirbt mit Fotos von prominenten Trägern seiner Erzeugnisse – an der Ecke gibt es für wärmere Tage eine Eisdiele.

Durch all das geschäftige Treiben übersieht auch der Einheimische leicht die vorhandene Bausubstanz auf engstem Raum: Da gibt es ein Traufsteinhaus mit Kellern aus dem 12./13. Jahrhundert, ein hochgotisches Giebelhaus mit klassischen Rippengewölben oder auch ein spätgotisches Pultdachhaus. Und dann auch noch besonders bemerkenswert – das efeuberankte Eckhaus an der abzweigenden Tändlergasse. Hier weist eine Gedenktafel auf die Geburtsstätte der Gürtlerstochter Barbara Blomberg hin. Sie ist die historisch bekannteste Regensburgerin.

Die junge Frau hatte im Jahr 1546 eine heiße Affäre mit dem damaligen Kaiser Karl V. Eventuell kam es zu dieser Verbindung durch Barbaras Dienstmädchenarbeit in der Kaiserherberge »Goldenes Kreuz«. Dort logierte der zwar bereits gichtkranke, aber augenscheinlich noch zeugungsfähige Kaiser. Der Sohn aus dieser Liaison erlangte später als Don Juan de Austria Weltruhm: Er besiegte die gefürchteten Türken in der historischen Seeschlacht von Lepanto. Damit – so die Geschichtsschreibung – rettete er das Abendland.

Ein Denkmal, das an ihn erinnert, steht am nahe gelegenen Zieroldsplatz. Seiner Mutter ist die Gedenktafel geblieben.

Adresse Kramgasse, 93047 Regensburg-Innenstadt | **ÖPNV** Altstadtbus, Haltestelle Domplatz, Neupfarrplatz, Altes Rathaus | **Tipp** Besuchen Sie das internationale »Golfmuseum« in der Tändlergasse. Führungen werden angeboten.

46 Der Krauterermarkt

Geschichten rund um den Adlerbrunnen

Die gepflasterten mittelalterlichen Plätze von Regensburg waren ehedem nicht nur Räume der Repräsentation, sondern gliederten die Stadt auch in übersichtliche Binnenzonen. Dies erleichterte nicht nur die Orientierung, sondern auch die Versorgung. Die anwachsende Stadt konnte schon leicht unübersichtlich werden – etwa für die Gemüsebauern aus dem Umland, die ihre Erzeugnisse anboten. Zum Beispiel auf dem westlichen Teil des Domplatzes, der Krauterermarkt heißt. Hier gab es Weiß- und Blaukraut, handtellergroße Köpfe mit nahrhaftem Innenleben. Auf Handwagen waren sie mühevoll angeschleppt worden.

Bereits der griechische Arzt Hippokrates erwähnte um 4000 vor Christus die gesundheitsfördernde Wirkung des Sauerkrauts. »Kraut ist Gold wert«, sagte sehr viel später auch der bekannte Heilpfarrer Kneipp. Auf diese Wertschätzung geht wohl auch der in Regensburg allerdings eher despektierlich verwendete Ausdruck »du alter Krauterer« zurück. Gemeint ist damit ein etwas betulicher, ärmerer Mensch – allerdings einer mit durchaus robuster Gesundheit.

Baulich dominierend ist in diesem Bereich die Patrizierburg »Haus an der Heuport«. Hier steht auch der Kaiser- beziehungsweise Adlerbrunnen von 1566. Dieses sockelbewährte Kunstwerk mit dem beherrschenden Adler über einem umlaufenden Ziergitter ist eine Huldigung gegenüber der Obrigkeit. Entsprechend platzgreifend ragt er auf. Die »hohen Herrschaften« – gar der Kaiser – waren zur Mitte des 16. Jahrhunderts Wesen von einem anderen Stern. Diese Ehrfurcht galt es, symbolisch darzustellen.

Heraldisch ist der Adler das Symbol des Kaisers. Kein Wunder, dass dieser imposante Vogel den Kaiserbrunnen im Volksmund bald zum Adlerbrunnen machte. Die damalige Ehrerbietung hatte aber auch eine durchaus egoistische Seite: Der kaiserliche Schutzherr sollte weiterhin Reichsfreiheit und Religionsfreiheit in der Stadt garantieren.

Adresse Krauterermarkt, 93047 Regensburg-Innenstadt | **ÖPNV** Altstadtbus, Haltestelle Domplatz | **Tipp** Besuchen Sie die charmanten Straßencafés, beispielsweise das Haus an der Heuport am Domplatz 7. Diese vierflügelige Patrizierburg ist eines der bemerkenswertesten Altstadtanwesen.

47 Kunstgenuss in der Fürstenloge

Ein besonderer Platz im Stadttheater

Vor der Tür zur Loge ist ein kleiner Vorraum, in den sich Fürst Albert von Thurn und Taxis einmal von der benachbarten Gaststätte Kneitinger Bratwürste bringen ließ, als die Wartezeit wegen des fehlenden Sängers einer Wagner-Oper überbrückt werden musste. Über dem Eingang prangt auch heute noch das Wappen derer von Thurn und Taxis.

Die Fürstenloge liegt im ersten Rang und bietet insgesamt zehn Sitzmöglichkeiten. Die roten Stühle sind die gleichen wie auf den anderen 500 Plätzen des Hauses. Der Blick allerdings ist unverstellt und erreicht von dieser Mittelposition aus direkt die Bühne. Früher saß hier die Fürstenfamilie selbst – mehr oder weniger häufig, je nach individuellem Interesse. Das besondere Ehrenrecht derer von Thurn und Taxis auf eine Loge ist auch darin begründet, dass sie den kompletten Neuaufbau 1852 nach einem Brand ein paar Jahre davor maßgeblich unterstützt hatten.

Vor allen Dingen der in Regensburg äußerst beliebte Fürst Albert war ein Theaterfreund. Er sponserte großzügig und ohne salbungsvolle Worte. Als allerdings die Nazis aus seiner Loge die Seitenwände herausnahmen, um eine Art von Volksloge daraus zu machen, kündigte er das Abonnement. Für den symbolischen Betrag von einer Mark konnten auch die interessierten T&T-Mitarbeiter eine Karte kaufen – das Geld kam in einen Topf. Davon wurde dann dem Fürsten zu einem runden Geburtstag ein Geschenk gekauft. Heute darf ein jeder in die Loge – zum normalen Preis des ersten Ranges.

Das Stadttheater am Bismarckplatz befindet sich in einem lang gestreckten Bau nach klassizistischem Vorbild. Die hochwertige Ausstattung mit Drehbühne und Hubpodien bietet Raum für aufwendige Inszenierungen. Das Haus zeigt nach wie vor als Drei-Sparten-Theater Sprech- und Musiktheater sowie Ballett.

Adresse Bismarckplatz 7, 93047 Regensburg-Innenstadt | ÖPNV Altstadtbus, Haltestelle Arnulfsplatz | Öffnungszeiten Erkundigungen bei der Theaterkasse Mo–Fr 10–18 Uhr, Sa 10–14 Uhr | Tipp Das Portal der romanischen Schottenkirche liegt gleich gegenüber – es genießt unter Wissenschaftlern Weltruf (siehe Seite 120).

48__Der »Leere Beutel«

Malerei, Jazz und Film unter historischem Dach

Wenn's denn stimmen würde, könnte es eine glaubhafte Namensdeutung sein: »Leere den Beutel!« – so hat es dem Käufer in den Ohren geklungen, wenn er das hier gelagerte, knappe Korn so teuer kaufen musste, dass sein Geldbeutel dauernd leer war. Es war also ehedem ein ansehnlicher Getreidespeicher, der in den 1980er Jahren saniert und zu einem beachtlichen Kulturzentrum umgestaltet wurde.

In einer glücklichen Symbiose wurde die historische Bausubstanz erhalten und darüber hinaus im weiteren, östlichen Altstadtbereich eine moderne Ausstellungsfläche geschaffen. Die städtischen Museen zeichnen als Hausherr verantwortlich. Die Vernissagen sind gut besucht, die regelmäßigen Ausstellungsbesucher könnten mehr sein. Die behutsam freigelegten Originalbalken unterstützen die stilvolle Atmosphäre rund um die Ausstellungsbemühungen.

Neben der »jungen Szene« werden immer wieder auch namhafte Künstler aus ganz Deutschland gezeigt. Zentrum der Bemühungen im »Leeren Beutel« ist die bildende Kunst des 20. Jahrhunderts. Das ostbayerische Kunstschaffen der Nachkriegszeit um die Regensburger Malergrößen Josef Achmann, Xaver Fuhr oder auch Otto Baumann findet hier demgemäß den sichtbaren Ausdruck. Eine vorausschauende Ankaufspolitik trägt damit ihre Früchte.

Besonders eindrucksvoll ist der Auftritt der um die Mitte der 1950er/1960er Jahre überregional beachteten rebellischen Gruppe »SPUR« um Lothar Fischer, Heimrad Prem oder Erwin Eisch. Letzterer aus dem Bayerischen Wald erwarb später auch internationales Ansehen als Glaskünstler und Mitbegründer der weltweiten Studioglas-Bewegung. »Leben ins Haus« bringt neben den Ausstellungen nicht nur ein gediegenes Speiselokal im Erdgeschoss. Vor allem ist es der Jazz-Club Regensburg mit seinem vielfältigen Kulturprogramm, der die Besucherfrequenz erhöht. Auch die Filmgalerie im ersten Stockwerk hat eine treue Gemeinde.

Adresse Bertoldstraße 9, 93047 Regensburg-Innenstadt | **ÖPNV** Altstadtbus, Haltestelle Historisches Museum | **Öffnungszeiten** Mo 18–22 Uhr, Di–Sa 11.30–14 Uhr und 18–22 Uhr, So 11.30–14 Uhr | **Tipp** In der Markthalle am nahen Dachauplatz werden kulinarische Besonderheiten für den kleinen Appetit angeboten. Es darf auch ein Espresso zwischendurch sein.

49_Die Lichtkapelle

Eine Oase der Ruhe

Auch wohlwollende Zeitgenossen würden das Äußere des Regensburger Kolpinghauses nicht als attraktiv beschreiben: Nachdem der Ursprungsbau 1945 zerbombt war, wurde am Donaumarkt ein kastenartiges Gebäude hingestellt, das bestenfalls den Aufbauwillen der 1950er Jahre dokumentiert.

Im Inneren überrascht das derzeit größte Veranstaltungszentrum der Stadt allerdings mit gemütlicher Gastlichkeit, einem Festsaal für maximal 700 Personen, einem Wohnheim für 140 Jugendliche und mit einer weitestgehend unbekannten Lichtkapelle. Im fünften Stockwerk des Gebäudes war schon länger eine Hauskapelle – ihre Anpassung an die moderne Zeit wurde 2012 von der Architektin Ulla Basque verwirklicht. Ihr Anliegen: Bestehendes mit Neuem verbinden.

Der Besucher trifft auf einen lichtdurchfluteten, 100 Quadratmeter großen Raum mit ungewöhnlich intensiver »Ausstrahlung«. Den Mittelpunkt bildet ein schnörkelloses Lichtkreuz, dessen Achse aus einem Tabernakel mit Bergkristallen besteht. Dieses Lichtkreuz führt mit horizontalen und vertikalen LED-Lichtlinien über die abgerundete Altarwand als Zeichen des unendlichen Lichtes hinaus.

Holzfiguren aus dem 15. Jahrhundert bilden einen Kontrast – ebenso wie die östlichen roten und blauen Fensteröffnungen mit eingearbeiteten stilisierten Heiligenfiguren. Die Kapelle erhält so zu jeder Tageszeit eine eigene Lichtstimmung. Etwa 40 Hocker und Sitzkissen vor dem Altar verstärken die ungezwungene Grundatmosphäre und lassen unterschiedliche Sitzordnungen zu.

Auch deshalb finden hier nicht nur Taufen und gelegentlich Gottesdienste statt. Vielmehr nutzt der Chef des Kolpinghauses diesen Raum der Stille zum Beispiel auch für Mitarbeitergespräche. Gern erklärt Martin Seitel persönlich die Lichtkapelle. Und er vergisst dabei auch nicht die Philosophie des Adolph Kolping zu zitieren. Die Kolpinghäuser sollen »ein Zuhause in der Fremde« sein.

Adresse Adolph-Kolping-Straße 1, 93047 Regensburg-Innenstadt | **ÖPNV** Bus 13 oder 1, Haltestelle Thundorferstraße, wenige Minuten Fußweg | **Öffnungszeiten** jederzeit in Absprache mit der Leitung der Gaststätte Kolpinghaus / Rezeption | **Tipp** Eindrucksvolle Reste der Römermauer sind unmittelbar gegenüber vom Eingang zum Restaurant im Kolpinghaus. Am benachbarten Donaumarkt eröffnet 2016 das Museum für Bayerische Geschichte.

50__Die Maria-Läng-Kapelle

Klagemauer für (fast) alle Anliegen

Schon der nachbarschaftliche Unterschied könnte nicht deutlicher sein: hier der mächtige gotische Dom St. Peter mit seinen imponierenden Eingangsportalen, dort die kleine, unauffällige Holztür, die zu einem unscheinbaren Raum mit elf schmucklosen Bänken führt. Es handelt sich um die frühere Hauskapelle des Weihbischofs Albert Ernst von Wartenberg. Er ließ den Raum 1675 bis 1678 umbauen. Leicht könnte man in der Hektik des Einkaufsalltags in der Pfauengasse daran vorbeigehen.

Tritt der Besucher allerdings ein, umfängt ihn kompromisslose Ruhe. Wer genau hinsieht, der wird feststellen, dass sich die Besucher von Maria Läng deutlich voneinander unterscheiden. Hier bittet die werdende Mutter um eine gute Geburt, dort ein blasser Schüler um bessere Noten, schließlich beweint die Witwe den verstorbenen Gatten. Aber es gibt auch vielerlei Dankesbekundungen – die nördliche Wand der Kapelle ist übersät mit beschriebenen Zetteln und Fotoaufnahmen: Ein aufgeschlagenes Buch berichtet von einer gelungenen Augenoperation, davon, dass der Enkel die Prüfung geschafft hat oder dass eine Arbeitsstelle gefunden wurde.

Hoffen, Angst und Dank sind auf wenigen Quadratmetern dokumentiert. Vielfarbige Votivtafeln, Wachskerzen in allen Größen und mannigfache Reliquien ergänzen das in sich ungeordnete Gesamtbild. Trotzdem wird spürbar: Der dargestellte Dank gilt stets der heiligen Maria. Ihre lebensgroße Darstellung steht neben dem Altar und stammt aus dem 17. Jahrhundert. Demjenigen, der ihre exakte Länge errät, verleiht sie ungeahnte Kräfte – so die Sage. Deshalb heißt die ehemalige Hauskapelle auch »Maria Läng«.

Wie es scheint, lächelt die lebensgroße Gottesmutter aufmunternd demjenigen zu, der daran glaubt. Und es sind durchaus viele Menschen, die sich ernsthaft Rat und Hoffnung holen. Maria Läng bleibt damit auch im 21. Jahrhundert ein Zeichen für Volksfrömmigkeit.

Adresse Pfauengasse 2, 93047 Regensburg-Innenstadt | **ÖPNV** Altstadtbus, Haltestelle Domplatz | **Öffnungszeiten** täglich 7 Uhr bis zum Einbruch der Dunkelheit | **Tipp** Am Domplatz sehen Sie ein imposantes Reiterstandbild. Es wurde 2010 errichtet und erinnert an König Ludwig I., der sich große Verdienste um Regensburg und den Dom erworben hat.

51 Die Maximilianstraße

Ehemaliger Prachtboulevard, ade

Eine breite Schneise vom Bahnhof bis in Sichtweite des Karmelitenklosters im Norden: Der ehemalige Prachtboulevard kann bestenfalls erahnt werden. Auch in jüngerer Zeit aufgestellte Lichtstelen unterstreichen den trostlosen Eindruck, den die Maximilianstraße heute hinterlässt. Das Pflaster wirkt glatt wie eine lang gezogene Eisstockbahn. Dass hier keine 1-a-Geschäftslage mehr ist, zeigt sich an der kurzen Verweildauer der Geschäfte, am Angebot generell und dem Eindruck, dass die Läden etwas abseits vom Schuss liegen.

Wenn die Maximilianstraße dennoch interessant ist, dann wegen ihrer wechselvollen Vergangenheit und wegen zwei herausragender Bauten.

Napoleon I. war es, der unmittelbar nach seinem Sieg bei Eggmühl sein Heer am 23. April 1809 nach Regensburg führte, um mit den flüchtenden Österreichern die Herrschaft über die Stadt auszufechten. Dies geschah auch dadurch, dass er das vorhandene Gassengewirr zwischen Peterstor, Drei-Kronen-Gasse und Luzengasse in Schutt und Asche legte.

Bald danach wurde das Viertel vom Reißbrett aus neu errichtet. »Richtschnur« wurde die Maximilianstraße, benannt nach dem bayerischen König Maximilian I. Die etwa 500 Meter lange »Maxstraße« war danach die Regensburger Vorzeigestraße. Es begann schon ganz verheißungsvoll im Eingangsbereich mit dem Parkhotel Maximilian mit seiner prunkvollen Neurokokofassade. Die Schaufront blickt mit 18 Fensterachsen in die südlich gelegene Fürst-Anselm-Allee.

Hier steht immer noch eines der schönsten Jugendstilhäuser der Stadt. Es ist der »Fürstenhof«, ein ehemaliges Tanzcafé mit Spiel- und Gesellschaftsräumen. Die Fassade des ersten Stockwerks wird von einem durchlaufenden Balkon mit auffallenden Korbbogenfenstern gegliedert – den Balkon des zweiten Stockes flankieren zwei Erker. Hier kann man besonders nachfühlen, wie stilvoll sich einst der Prachtboulevard Maximilianstraße dem Passanten darbot.

Adresse Maximilianstraße, 93047 Regensburg-Innenstadt | **ÖPNV** In unmittelbarer Nähe ist der zentrale Busbahnhof, alle Linien treffen sich hier. | **Tipp** An der Pforte des Karmelitenklosters am nördlichen Ende der Maximilianstraße gibt es in 300-jähriger Tradition den »Karmelitergeist« – eine leicht alkoholhaltige Labsal für Körper und Seele.

52__Der Milchschwammerl

Aufbruchstimmung in den 1950er Jahren

»Treffpunkt Schwammerl« – diese knappe Nachricht gibt es heute per SMS. Fehlt nur noch die Uhrzeit, und dem Rendezvous steht nichts mehr im Weg. Nicht wenige Regensburger Beziehungen haben hier begonnen, auch als man sich noch persönlicher verabredete. Der Milchschwammerl an der Albertstraße liegt direkt hinter dem Zebrastreifen, am Eingang zur Fürst-Anselm-Allee beim Bahnhof. Manche sprechen auch vom kleinsten Café Regensburgs. Der Milchschwammerl ist ein beredter Zeuge für die frühe Nachkriegszeit – auf jeden Fall ein Symbol dafür.

Damals wurde diese einfache Art der schnellen Bewirtung von einer Firma aus dem Allgäu entwickelt. Ein Fliegenpilz als Kiosk, in dem vorwiegend Milchprodukte verkauft werden sollten. Limonade gab es auch – und natürlich Kaffee. Etwa 50 Fliegenpilze hat die Firma damals verkauft – auch nach Österreich, in die Schweiz oder nach Italien. Weltläufigkeit und beginnendes Wirtschaftswunder nahmen ihren Anfang.

In Regensburg steht man entweder an einer Art Rundtheke und plaudert über allerlei, oder man setzt sich mit dem Glas in der Hand und einem kleinen Snack an einen der locker gruppierten Tische. Es gibt regelmäßige Treffs von Damen beispielsweise, die von der guten alten Zeit schwärmen. Geöffnet ist natürlich nur in der wärmeren Jahreszeit bis in den späten Herbst hinein. Die Idee des Milchschwammerl wurde in jüngerer Zeit bei einer bayerischen Landesausstellung in Augsburg gewürdigt. Nur noch wenige stehen »in freier Wildbahn« – neben dem Regensburger noch einer etwa auf der Bodenseeinsel in Lindau.

Im Regensburger Fall erschließt sich von hier aus mit der Fürst-Anselm-Allee überdies noch ein Grüngürtel. Das ursprünglich als Schlosspark des fürstlichen Schlosses St. Emmeram gedachte Teilstück des Altstadtparks lädt zum Spaziergang ein. Das nächste Mal kann ja wieder der Milchschwammerl der Ausgangspunkt sein!

Adresse Albertstraße/Eingang Fürst-Anselm-Allee, 93047 Regensburg-Innenstadt | **ÖPNV** In unmittelbarer Nähe ist der zentrale Busbahnhof, alle Linien treffen sich hier. | **Tipp** Unmittelbar gegenüber vom Milchschwammerl erinnert ein aufragender Obelisk an Karl Anselm von Thurn und Taxis. Der hier beginnende Alleengürtel wurde zum Ende des 18. Jahrhunderts auf dessen Kosten den Bürgern zur Verfügung gestellt.

53_Die Orgel in der Minoritenkirche

Ein klangvolles Schwalbennest

Das Historische Museum am Dachauplatz wird seinem Kulturauftrag mit Exponaten von der Steinzeit bis zum 19. Jahrhundert gerecht. Untergebracht ist das 1931 gegründete Historische Museum im raumgreifenden Komplex des ehemaligen Minoritenklosters St. Salvator. Und dies ist der Einstieg zu einer wirklichen Besonderheit, die nur über das Museum betreten werden kann.

Zur Gesamtanlage gehört nämlich jene dreischiffige gotische Pfeilerbasilika, die 1799 aufgelöst wurde und danach Exerzierhalle, Bau- und Hotelspeicher, dann auch Kaserne war. Der große Mittelalterprediger Berthold von Regensburg hatte in der Minoritenkirche einst mit derben Worten gegen Verschwendungssucht und Lästerlichkeit gepoltert. Jetzt empfängt dieser ehemalige Kirchenraum mit eleganten Kreuzrippen und eindrucksvollen Epitaphien immer wieder zeitgenössische Ausstellungsbesucher. Provokante Großplastiken etwa wirken hier besonders anregend. Auch Konzerte und Lesungen werden durch die Kirchenhalle eindrucksvoll »untermalt«.

Und damit zum Rätsel um das Schwalbennest in der Minoritenkirche. Es ist beileibe kein Vogelnest. Vielmehr handelt es sich um eine Orgel, die hoch an der westlichen Kirchenwand aufgehängt ist. Das historische Instrument stammt aus der Zeit des 15./16. Jahrhunderts. Die fachgerechte und aufwendige Rekonstruktion Ende der 1980er Jahre wurde durch Unterstützung des Ernst von Siemens Kunstfonds aus München möglich. Die Schwalbennestorgel erklingt zum Beispiel bei regelmäßigen Kirchenkonzerten.

Bei genauerem Hinsehen zeigt das Ornament in der Mitte des Instrumentes den Harfe spielenden König David. Und übrigens: Einen Steinwurf entfernt, im Dom St. Peter, hängt seit 2009 ebenfalls eine Schwalbennestorgel – sie gilt als die größte frei hängende Orgel der Welt.

Adresse Dachauplatz 2–4, 93047 Regensburg-Innenstadt | ÖPNV Altstadtbus, Haltestelle Historisches Museum | Öffnungszeiten Di–So, Feiertage 10–16 Uhr | Tipp Natürlich sollten Sie auch die Schätze des Historischen Stadtmuseums sehen. Die Römerabteilung ist sehr anschaulich und wissenschaftlich fundiert.

54 Unter dem Neupfarrplatz

Eine Lehrstunde in jüdischer Geschichte

Die wechselvolle Geschichte des Neupfarrplatzes ragt im derart ohnehin überreichen Regensburg heraus. Einige Stichworte dazu: Zentrum des im 2. Jahrhundert nach Christus unter Kaiser Marc Aurel erbauten Lagers »Castra Regina«, Wallfahrtsort zur »Schönen Maria«, Geschäftszentrum einer moderner werdenden Kommune. Letztlich aber und unauslöschlich: ehemaliges Regensburger Judenviertel.

Die Erwähnung um das Jahr 1000 ist die älteste Nennung einer jüdischen Ansiedlung in Regensburg. Mehr als 500 Jahre fand dann ein Leben ohne größere Spannungen statt – mit unbestritten positiver Ausstrahlung auf das Gemeinwesen. Das historische Judenviertel umfasste 40 Häuser – inklusive Synagoge und eigenem Richter. Nachdem am Ende des 15. Jahrhunderts Spannungen zwischen Christen und Juden zunahmen und schließlich eskalierten, kam es zur Zerstörung der Synagoge und der Vertreibung der Juden. All dies ist im document Neupfarrplatz eindrucksvoll und anschaulich dargeboten. Eine sachkundige Führung ist aber die Voraussetzung für das nachhaltige Verstehen.

Der Eingang führt über einen betont unauffälligen, keilförmigen Aufbau hinunter auf das vormalige Bauniveau. Dort angekommen, wird es angesichts von freigelegtem Mauerwerk richtig spannend. Die reiche Geschichte blättert sich auf – Steinschicht um Steinschicht.

Ermöglicht hat dieses Erlebnis eine umfangreiche Kerngrabung der 1990er Jahre. Auf einer Gesamtfläche von 3.000 Quadratmetern wurden wichtige Teile der mittelalterlichen Kelleranlage des Judenviertels freigelegt. Aufgetane Funde belegen auch das damalige Alltagsleben. Sogar ein Goldschatz wurde bei Baggerarbeiten entdeckt. Er wird im Historischen Museum aufbewahrt. Dem Besucher vermittelt eine multimediale Präsentation das Einmalige des Ortes, und die Zusammenhänge werden noch anschaulicher und einprägsamer.

Adresse Neupfarrplatz, 93047 Regensburg-Innenstadt | ÖPNV Altstadtbus, Haltestelle Neupfarrplatz | Öffnungszeiten Zugang nur mit Führung, Einzelbesucher: Do, Fr, Sa 14.30 Uhr; Juli–Aug. auch Mo, So 14.30 Uhr; Gruppenführungen können gebucht werden | Tipp Nach dem Einblick in die eindrucksvolle jüdische Geschichte können Sie das Gehörte und Gesehene bei einem Getränk in einem der Cafés am Neupfarrplatz verarbeiten und diskutieren.

55 Der Bereich Obermünster

Versteckte Vielfalt und laute Nächte

Das zentrumsnahe Obermünsterviertel ist seit einigen Jahren zu Unrecht kaum mehr im Bewusstsein der Einheimischen. Wer weiß noch, dass Thomas Mann 1920 hier im ehemaligen Nobelhotel »Grüner Kranz« »Aufenthalt nahm« und zum Mittagessen Moselwein genoss? Das Obermünsterviertel war in frühen Zeiten zusammen mit dem Kloster St. Emmeram das wichtigste kirchlich-geistige Zentrum Regensburgs.

Der Campanile der ehemaligen Obermünsterkirche könnte allerdings wieder Markenzeichen des Viertels werden, wenn – ja, wenn die Sanierungsbemühungen der Stadt erfolgreich sind. Für »Stimmung« sorgen einstweilen bis in die frühen Morgenstunden hinein die Besucher der hier konzentrierten Discos und Kneipen. Ruhestörungen sind angesagt – manchmal auch Ärgeres. Ein Aktionsbündnis »Fair feiern« von Wirten, Anwohnern und Polizei stemmt sich dagegen.

Dabei hat die Gegend unverkennbare, noch etwas versteckte Reize. Wer von der Pfarrergasse kommt, trifft direkt auf die Eckkneipe »Jerusalem«. Hier gibt es orientalische Spezialitäten wie Falafel. In der Nähe darf es auch asiatisches Essen sein.

Ein Tattoo-Studio und Piercing-Angebote säumen den Weg. Dies geschieht neben einer Galerie mit konservativerem Angebot und einer alteingesessenen Metzgerei. Boutiquen gehören auch hier im Viertel ins Bild.

Insgesamt ist die Mischung vielfältig und abwechslungsreich. Auch die Geschäftswelt erkennt sich gegenseitig an: »Wir im Obermünsterviertel« heißt der Werbeslogan. Im Viertel leben rund 1.000 Menschen aus über 30 Nationen. Erstaunlich ist dabei, dass der Ausländeranteil mit knapp neun Prozent unter dem städtischen Durchschnitt liegt. Studenten und Singles nehmen einen steigenden Anteil ein. Ein Problem ist allerdings der Gebäudezustand von vielen Häusern. Auch hier setzen die städtischen Sanierungsbemühungen der jüngeren Zeit an.

Adresse Obermünsterstraße, 93047 Regensburg-Innenstadt | **ÖPNV** Altstadtbus, Haltestelle Neupfarrplatz | **Tipp** Die soziale Initiative »Donaustrudl« unterhält in der Steckgasse einen Bücherladen mit gebrauchten Exemplaren. Das Angebot ist ein echter Geheimtipp.

56 Das Portal der Schottenkirche

Geschützt vor Verwitterung

Wie abgeschottet und wehrhaft Regensburg einst war, lässt sich sehr anschaulich am Jakobstor ablesen. Zwei Rundtürme aus dem 13. Jahrhundert verlangsamen den Verkehrsverlauf an dieser Stelle der westlichen Altstadt automatisch – sie sind die Überbleibsel von einstmals sechs Eingangstoren in die Stadt. Drohte Gefahr, konnte abgeriegelt werden.

Am Fuße der zwei Türme mit gotischen Zinnenkronen ist jeweils ein enger Durchgang für Fußgänger. Wer danach weiter in Richtung Innenstadt geht, trifft auf ein äußerst ungewöhnliches Bild: eine vom Anschein her schon uralte Kirche, deren mit mystischen Figuren geschmückter Eingangsbereich unwillkürlich neugierig macht. Und dann gibt es da auch noch eine gläserne Kuppel!

Die ehemalige Benediktinerklosterkirche von irisch-schottischen Mönchen aus dem 12. Jahrhundert – St. Jakob – ist nach Meinung der Kunsthistoriker eines der bedeutendsten hochromanischen Kirchengebäude in Bayern. Und dabei wiederum herausragend ist das nördlich ausgerichtete, man darf schon sagen berühmte »Schottenportal«. Es ist seit einigen Jahren mit einem verglasten Vorbau geschützt. Der Grund: Die geheimnisvollen Figurenplastiken und Ornamente könnten durch Abgase und andere Umwelteinflüsse geschädigt werden.

Was genau sie bedeuten, ist unter Wissenschaftlern durchaus umstritten. Jedenfalls sind auf der dreigeschossigen Schauwand des Portals das Jüngste Gericht und der Kampf zwischen Gut und Böse dargestellt. Es geht um die Themen »Weltgericht«, »Himmel« und »Hölle«. St. Jakob ist auch Seminarkirche des Regensburger Priesterseminars. In deren sich anschließenden Räumen werden die Priesteramtskandidaten ausgebildet und untergebracht. 2006 gab es hier einen überaus prominenten »Untermieter«: Papst Benedikt XVI. übernachtete hier bei dem Besuch in seiner ehemaligen Heimatstadt.

Adresse Jakobstraße 3, 93047 Regensburg-Innenstadt | ÖPNV Altstadtbus, Haltestelle Arnulfsplatz oder Stadtpark | Öffnungszeiten Mo–So 6–18 Uhr | Tipp Der weitläufige Stadtpark ist nicht weit entfernt. Hier finden Sie die russisch-orthodoxe Maria-Schutz-Kirche. Der Besuch wird Sie bezaubern.

57_Die Predigtsäule

Ein »sagenhaftes« Stadtdenkmal

Das Areal um das ehemalige Peterstor am nördlichen Ausgang der heutigen Fürst-Anselm-Allee wurde arg in Mitleidenschaft gezogen, als die Armee Napoleons am 23. April 1809 gegen die österreichischen Truppen um die Stadtherrschaft über Regensburg kämpfte. Schon damals reckte sich eine bereits etwa 500 Jahre alte Säule empor. Den Zweck ihrer Errichtung im frühen 14. Jahrhundert kennt nicht einmal das Standardwerk über Regensburg, der viel zitierte »Karl Bauer«, genauer.

Es gibt aber einige Mutmaßungen. Über einem kreuzförmigen Sockel erhebt sich ein über Eck gestellter Pfeiler. Steinbildwerke des Gekreuzigten mit Maria und Johannes bilden die Bekrönung. Darunter berichten 24 Felder mit Reliefbildern – ja, von was eigentlich? Vielleicht von dankbarer Frömmigkeit oder von Reue wegen einer Untat? Oder soll an ein anderes Ereignis erinnert werden? Nach einer der Deutungen war die Säule eine der letzten Stationen der zum Tod Verurteilten zu ihrer Hinrichtungsstätte am Galgenberg. Die Richtung über den heutigen Bahnhof hinaus würde stimmen. Jedenfalls klingt diese Überlegung wahrscheinlicher als der Inhalt einer Sage. Danach war Kaiser Karl der Große während einer Schlacht von den Ungarn bis zur Stadtmauer zurückgedrängt worden. Zum Dank für die Hilfe eines Engels in höchster Not sei dann die Predigtsäule gesetzt worden.

Und noch eine Möglichkeit wird genannt: In dem Umfeld der Säule wurden im Mittelalter Kirchweihfeste und damit verbundene Jahrmärkte abgehalten – etwa die St. Peters Kirchweih. Deshalb erscheint es als möglich, dass die Säule ein Zeichen des Marktrechts ist. Auch der Marktfrieden und die Gerichtsbarkeit wären damit verbunden gewesen. Letztlich also die Darstellung des Jüngsten Gerichts auf der Säule. Viele offene Fragen an jenes Denkmal, das auf jeden Fall eines der ältesten der diesbezüglich überreichen Stadt Regensburg ist.

Adresse Am Peterstor 3, 93047 Regensburg-Innenstadt | ÖPNV Nur wenige Minuten entfernt ist der zentrale Busbahnhof Albertstraße. Alle Linien treffen sich hier. | Tipp Im Bratwursteck in der Fröhliche-Türken-Straße sollten Sie die köstlichen Regensburger Spezialitäten – am besten mit Sauerkraut – probieren. Dazu gehört der gerühmte Händlmaier-Senf.

58 Reichsstädtische Redewendungen

Der »grüne Tisch« im Alten Rathaus

Das historische Rathaus von Regensburg ist unbestritten der Primus unter den profanen Bauten der Stadt. Der stimmige Dreiklang der Gebäude entstand vom 13. bis zum 18. Jahrhundert und besteht aus gotischem Reichssaal, Altem Rathaus mit Turm sowie barockem Rathaus. Auf dem gepflasterten Platz sammeln sich die Touristengruppen aus aller Welt, sprechen Heimische willig über die »reichsherrliche« Bedeutung der Stadt.

Ab 1594 fanden im gotischen Reichssaal die vom Kaiser einberufenen Reichstage statt, und von 1663 bis 1806 tagte hier der Immerwährende Reichstag. Am Rande der damit verbundenen großen Politik haben sich auch einige Anekdoten und Merkwürdigkeiten herausgebildet. In den allgemeinen Sprachgebrauch eingegangen ist zum Beispiel die bekannte Redewendung »etwas auf die lange Bank schieben«. Auf der Bank im Reichssaal sollen demnach Akten zu einzelnen Verhandlungsfragen einstweilen gelagert worden sein. Manchmal lagen sie dort lang und länger …

Auch der Ausdruck »Geld zum Fenster hinauswerfen« könnte auf den Reichssaal zurückgehen. Wenn es nicht stimmen sollte, so ist die Geschichte wenigstens gut erfunden: Demnach hat sich der Kaiser gelegentlich am Erker des Reichssaals dem Volk gezeigt. Huldvoll hat er dabei Münzen unter die Armen geworfen. Da dies letztlich Steuergelder waren, warf er also das Geld der Bürger zum Fenster hinaus.

Die dritte mit dem Rathausumfeld verbundene Redewendung ist etwas genauer belegt. Wie es in einem Rathausführer zum Kurfürstenzimmer heißt, tagten in diesem wundervollen holzgetäfelten Raum die Gesandten und Sekretäre des fürstlichen Kollegiums. Sie saßen dabei auf einer »Banck mit grünem Tisch«. Sie entschieden also die hochwichtigen Reichsfragen am sprichwörtlichen »grünen Tisch«.

Adresse Rathausplatz 1, 93047 Regensburg-Innenstadt | **ÖPNV** Altstadtbus, Haltestelle Altes Rathaus | **Öffnungszeiten** Es gibt eine 60-minütige Rathausführung, die bei der Tourist Information am Rathausplatz 4 gebucht werden kann. | **Tipp** Gönnen Sie sich nach einem Besuch im Rathaus Köstlichkeiten aus dem »Café Prinzess« – dem angeblich »ältesten Café Deutschlands« (Rathausplatz 2). Die Pralinen sind besondere Leckereien.

59 Die Ruthof

Geschichte »im Fluss«

Das Donau-Schiffahrts-Museum Regensburg steht mit Fug und Recht am Ufer bei der historischen Altstadt. Die Verbindung des Dampfers mit der Donau ist unlösbar und hochinteressant. Technikfreaks und historische Spurensucher sind gern an Bord, ansonsten hält sich der Ansturm in engen Grenzen. Das Schaufelradschiff wurde Anfang der 1920er Jahre auf der einheimischen Ruthof-Werft gebaut – deshalb auch der Name.

Nach der Übernahme durch den Bayerischen Lloyd war das Schaufelradschiff auf der unteren und mittleren Donau unterwegs. Eine zeitweilige Umstellung der Befeuerung von Kohle auf schweres Erdöl und – wegen Ölknappheit – wieder zurück, lag in der Zeit des Zweiten Weltkriegs.

Die 61 Meter lange und fast 17 Meter breite Ruthof erlebte danach einen traurigen Tiefpunkt: Sie lief 1944 in Ungarn auf eine Mine auf und sank. Fünf Besatzungsmitglieder kamen ums Leben, so steht es in den Annalen. Das Wrack wurde erst nach zwölf Jahren gehoben. Das erstaunlich gut erhaltene Schiff konnte mit einigem Aufwand wiederhergestellt und in Betrieb genommen werden – dieses Mal unter ungarischer Flagge. Der wirtschaftliche Erfolg der Unternehmung war zwar nicht nachhaltig, die Ruthof kam aber wenigstens immer wieder in ihre Heimat Regensburg zurück. Nach einer kurzen Ausleihe als Kulisse für den Fernsehmehrteiler »Michael Strogoff« sollte das Schiff schließlich verschrottet werden.

Hier kam der Arbeitskreis Schiffahrts-Museum Regensburg ins Spiel. Er kaufte 1979 den historischen Raddampfer und baute ihn detailgenau zu einem Museumsschiff um. Dieses wurde 1983 eröffnet und bietet dem Besucher seitdem spannende Entdeckungen. So wird mit Tafeln und zahlreichen Schiffsmodellen die Entwicklung der Donauschifffahrt vom Einbaum bis in die Gegenwart erläutert. Ölbunker, Kessel- oder Maschinenraum können besichtigt werden, dazu die Schiffsküche oder die früheren Mannschaftsräume.

Adresse Thundorferstraße, Liegeplatz: Marc-Aurel-Ufer, 93047 Regensburg-Innenstadt | **ÖPNV** Altstadtbus, Haltestelle Thundorferstraße | **Öffnungszeiten** April–Okt. Di–So 10–17 Uhr | **Tipp** Im ehemaligen Nobelgasthaus »Zum weißen Lamm« (gegenüber der »Historischen Wurstkuchl« am Donauufer) übernachteten Goethe, Mozart und Haydn.

60__Schutz und Trutz

Die Stadtwächter vom Alten Rathaus

Vom erhöhten Bereich des spätgotischen Eingangsportals des Alten Rathauses aus beeindrucken streitlustig die beiden Figuren »Schutz und Trutz«. Sie verdienen eine nähere Betrachtung.

Dargestellt sind zwei geharnischte Soldaten, als Symbol für die Wehrhaftigkeit der Stadt. Reichsfreiheit und Selbstverwaltung galt es zu verteidigen – auch das Recht, den Feind selbstständig anzugreifen. Die linke der beiden Halbfiguren schwingt einen zackenbesetzten Streithammer, die rechte holt mit einem Stein zum Wurf aus. Da möge also kommen, wer mag – so warnen die grimmigen Gesichtszüge feindwärts.

Unter den steinernen Figuren »Schutz und Trutz« findet sich das Regensburger Stadtwappen mit den zwei gekreuzten Schlüsseln – Symbol des Schutzpatrons der Stadt, des heiligen Petrus. Im unteren Teil des Portals ist eine weitere wichtige »Obliegenheit der Stadtwächter« aufgezeigt.

Schutz und Trutz wachten nicht zuletzt auch über die sogenannten Stadtmaße: Wer sich am mittelalterlichen Geschäftsleben beteiligen wollte, für den waren die dargestellten Maße Schuh, Elle und Klafter verbindlich.

Für alle überprüfbar, sind sie am Eckpfosten der Rathaustreppe eingelassen. Hier kann sogar ein Test gemacht werden. »Jede Stadtführerin kann diese Maße wie aus der Pistole geschossen nennen« – so heißt es aus der Touristeninformation. Und tatsächlich – die Probe aufs Exempel hat es gezeigt: Ein Schuh, also ein Fuß, ist 33 Zentimeter lang – dies entspricht der heutigen Schuhgröße 46, so eine Führerin. Die Elle ist eine Doppelelle mit 81 Zentimetern – ursprünglich abgeleitet von der Länge eines Unterarms. Der Klafter schließlich ist 1,81 Meter lang. Er stellt das Maß zwischen den ausgestreckten Armen eines erwachsenen Mannes dar. Diese Maßeinheiten gab es bis zur Einführung des Metermaßes durch Kaiser Napoleon I.

Adresse Rathausplatz 1, 93047 Regensburg-Innenstadt | ÖPNV Altstadtbus, Haltestelle Fischmarkt oder Altes Rathaus | Tipp Das Hofbräuhaus liegt direkt gegenüber. Darf es also vielleicht ein korrekt, also »maßgerecht« eingeschenktes Glas Bier sein?

61__Die Single- und Kneipenhochburg

»Spitze« in Deutschland

Die Nachricht der Gesellschaft für Konsumforschung in Nürnberg (GfK) fand Ende Januar 2011 bundesweite Beachtung: Regensburg löst mit 55,8 Prozent an Ein-Personen-Haushalten Berlin als Singlehauptstadt ab. Das heißt also: Jeder zweite Haushalt in Regensburg wird nur von einer Person bewohnt. Was bedeutet dies – etwa für das aktuelle Straßenbild?

Zunächst geht das »Ciao« leicht über die Lippen. Schließlich ist man in der »nördlichsten Stadt Italiens« zu Hause. Auch wenn andere Städte dies ebenfalls behaupten: Allein schon die nach italienischem Vorbild erbauten Patrizierburgen sind in Anzahl und Güte einmalig. Die zahllosen Straßencafés sind auf jeden Fall gefüllt mit (meist) jungen Leuten. Sie verlängern unbekümmert die Sommersaison, indem sie bereits im Frühjahr und noch im Herbst die kühlen Sitzflächen der Stühle mit leichten Wolldecken abmildern.

Die Universitätsgründung im Jahr 1962 war ein Meilenstein in der Stadtentwicklung. In der Kommune mit 150.000 Einwohnern leben heute knapp 30.000 Studentinnen und Studenten – bevorzugt in Zentrumsnähe. Hier treffen sie auf eine der höchsten Kneipendichten in Deutschland. Studentenclubs gibt es sowieso, aber auch gemütliche Brauereigaststätten und Musikkneipen. Auf den ausgeprägten Nachtschwärmer warten zudem Discos, Nachtlokale und Bars – für jeden ist etwas dabei. Die zweifellos attraktive Altstadt von Regensburg treibt allerdings auch die Preise für die Wohnungen nach oben.

Die zahlungskräftigeren Mieter sind zwar meist auch noch relativ jung, stehen aber bereits mitten im einkommensstarken Erwerbsleben – und sind Single geblieben. Aus dem Altstadtbereich verschwinden somit zunehmend die älteren Mitbewohner und die Familien mit Kindern. Sie können sich die aufwendig renovierten Altstadtwohnungen nicht mehr leisten.

Adresse Bismarckplatz, 93047 Regensburg-Innenstadt | ÖPNV Altstadtbus, Haltestelle Altes Rathaus | Tipp Besonders in der Oberen und Unteren Bachgasse »steppt der Bär«. Die Homepage der Stadt Regensburg, www.regensburg.de, führt die aktuellen Szenetreffs sowie alle Kulturangebote auf.

62__Die Sternwarte

Ein Himmelsstern für den Augenstern

Wie wär's, Ihrem Partner einen Stern zu schenken? Bei der Sternwarte Regensburg kann diese ungewöhnliche Idee – gegen eine Spende – verwirklicht werden. Dem Sternpaten wird dabei ein ganz bestimmter Stern vom Abendhimmel gewidmet – mit beglaubigter Urkunde. Bei der Auswahl helfen die ehrenamtlich tätigen Mitarbeiter der Sternwarte – schließlich findet sich nicht jeder im nächtlichen Universum zurecht.

Die Geschichte der Astronomie in Regensburg geht weit zurück: Der Gelehrte Wilhelm von Hirsau stellte bereits im 11. Jahrhundert im Benediktinerkloster St. Emmeram astronomische Beobachtungen an. Der herausragende Forscher Johannes Kepler – er verstarb 1630 in Regensburg – mehrte entscheidend den Ruf der hiesigen Himmelsforschung. Die Emmeramer Mönche und das Fürstenhaus Thurn und Taxis traten als Förderer hervor.

Seit 1920 ist die älteste Volkssternwarte Süddeutschlands für die interessierte Öffentlichkeit zugänglich. Der steile Weg führt bis zum Dachplateau des ehemaligen Dominikanerklosters am Ägidienplatz. Etwa 70 Besucher können in der Kuppel aus dem Jahr 1902 auf einmal Platz finden. Auf der Plattform sind mehrere Teleskope fest verankert – so etwa ein Linsen- und ein Spiegelteleskop. Diese »Himmelsaugen« werden bei den Führungen laiengerecht erklärt und vorgeführt. Zur Unterstützung gibt es überdies noch modernste Technik: eine Multimedia-Anlage etwa, welche die Faszination des Weltalls noch einmal verdeutlicht. In den Ausstellungsräumen geht es um den Aufbau und die Erforschung des unendlichen Weltalls.

Höhepunkt eines Besuchs in der Volkssternwarte sind natürlich die Himmelsbeobachtungen von der Plattform aus. Durch Fernrohre hindurch kann das beim Rundgang erworbene Vorwissen einer praktischen Probe unterzogen werden. Dabei gibt es dann Beobachtungen, die weit über den Großen Wagen und den Kleinen Bären hinausgehen.

Adresse Ägidienplatz 2, 93047 Regensburg-Innenstadt | **ÖPNV** Altstadtbus, Haltestelle Bismarckplatz | **Öffnungszeiten** Sept.–Apr. Fr ab 20 Uhr; Mai–Aug. Fr ab 21 Uhr | **Tipp** Gegenüber ist die Deutschordenskirche St. Ägidius. Ihr spätgotischer Chor findet bei Kunstkennern Beachtung.

63__Das Thon-Dittmer-Palais

Ein stimmungsvoller Kulturraum

Die alte Bezeichnung Haidplatz geht auf eine lang gezogene Wiese (Heide) westlich des ehemaligen Römerlagers zurück. Auf diesem Platz sammelt sich Geschichte und Gegenwart – Letztere durch Cafés mit Freisitzen, Gaststätten mit (inter-)nationalen Speisekarten und gut gebuchten Hotels.

Zwei Gebäude bestimmen den Haidplatz: die Patrizierburg »Goldenes Kreuz« sowie das Thon-Dittmer-Palais. Der Innenhof dieser Vierflügelanlage einer reichen Kaufmannsfamilie beeindruckt als stimmungsvollster Kulturhof der Stadt. Die Außenfassade ist klassizistisch. Am Anfang des 19. Jahrhunderts wurde die bestehende Substanz vom fürsterzbischöflich-dalbergischen Hofbaumeister Emanuel d'Herigoyen umgestaltet. Der Zweck für Eigentümer Georg Friedrich Edler von Dittmer: Repräsentation. Zusammengefasst sind in der Anlage mehrere ursprüngliche Patrizierhäuser. Stilelemente aus Gotik und Renaissance bereichern die elegante klassizistische Fassade.

In den Renaissance-Arkadenhof gelangt man durch ein Spitzbogentor. Beim Eintritt in den Innenhof sieht man einen schmalen gotischen Uhrerker an der Wand. Darunter steht die lebensgroße Figur einer mit Rosen bekränzten Frau. Mit der linken Hand weist sie auf einen Totenkopf zu ihren Füßen. Die Figur sieht auf das Stundenglas – Sinnbild der Vergänglichkeit.

Dann die dreigeschossigen Renaissance-Arkaden – ein ungemein stimmiges Bild. Eine Front von Laubengängen öffnet sich. Aus den 15 abzuzählenden Fensterachsen tritt ein Mittelrisalit hervor, den ein Giebel mit dem Wappen derer von Dittmer schließt. Toskanische Säulen runden die Einheit ab.

Im Erdgeschoss des südlichen Flügels wird die Sigismundkapelle als Ort für kleinere Ausstellungen genutzt. Hier wird überall Kultur angeboten: Konzerte, Theateraufführungen oder Lesungen finden in dieser herrlichen Umgebung statt.

Adresse Haidplatz 8, 93047 Regensburg-Innenstadt | **ÖPNV** Altstadtbus, Haltestelle Haidplatz | **Tipp** Lassen Sie sich im Café »Goldenes Kreuz« am Haidplatz 7 verwöhnen. Hier logierte bereits Kaiser Karl V. – und zeugte dabei den legendären Don Juan de Austria.

64 Das Turmtheater

Die intime Bühne

»Der Kontakt zu unserem Publikum ist zwangsläufig – und natürlich gewollt« – Martin Hofer, der Prinzipal des Regensburger Turmtheaters, nimmt sich zwischen den Proben auch die Zeit, nach einer Bühnenlampe zu schauen.

Im Regensburger Turmtheater sind alle für alles zuständig – der Umgang miteinander erfolgt im Servus-Ton. Was natürlich nicht heißt, dass nie hitzig debattiert wird – im Sinne einer gelungenen Inszenierung. Die knapp über 80 plüschig roten Plätze begrenzen den Ansturm, die Wohnzimmeratmosphäre wird unterstrichen durch eine kleine Bar. Es ist wirklich eng im Turmtheater im sechsten Stock des historischen Goliathhauses.

Durch die Nähe zur vergleichsweise flächigen Bühne entsteht der gewünschte Kontakt zu den Darstellern – vor allem bei Improvisationsstücken ist das Publikum mitten im Geschehen. Die Besucher sitzen auf Tuchfühlung – das stört aber niemanden; wenn doch, dann passt man nicht hierher. Ins Turmtheater kommt kaum jemand in einer Robe, die auf Abstand hält. Es geht leger zu: Willkommen sind auch Leute ohne langjährige Theatererfahrung, die eine eventuelle Theater-Hemmschwelle erst gar nicht überwinden müssen.

Das Ensemble des Turmtheaters steht für ein lebendiges, unternehmungslustiges, entdeckungsfreudiges Theater. Dies beinhaltet natürlich das anschließende Gespräch an der Bar. Das Turmtheater brachte den Schauspieler und Regisseur Peter Nüesch an die Rampe. Später wurde der Geheimtipp zusätzlich zu einem Kino umgewandelt.

2009 übernahm das Künstlerpaar Martin Hofer und Susanne Senke das Haus und machte es wieder zu einem wahren Insider-Tipp. Komödien werden selbstverständlich angeboten, auch Kabarett und viel beklatschtes Improtheater. Auch für Podiumsdiskussionen und Lesungen geben sich die Betreiber offen – schließlich sitzt bei aller Kulturfreude auch die wirtschaftliche Auslastung ständig im Nacken.

Adresse Watmarkt 5, 93047 Regensburg-Innenstadt | **ÖPNV** Altstadtbus, Haltestelle Domplatz oder Altes Rathaus | **Öffnungszeiten** Infos zum Spielplan unter www.regensburgerturmtheater.de | **Tipp** Im Haus ist das Edelrestaurant »David« untergebracht. Hier gibt es erlesene Küche zu gehobenen Preisen. Infos unter www.restaurant-david.de.

65__Das Velodrom

Radkunststücke im Theater

Bei seiner ungewöhnlichen Lebensgeschichte würde es den »Simmerl« nicht wundern, was aus seinem Velodrom geworden ist. Das Velodrom lebt – und das ist schon ein kleines Regensburger Wunder.

An der Wende vom 19. zum 20. Jahrhundert eröffnete der jüdische Geschäftsmann Simon Oberndorfer hinter der Verkehrsdrehscheibe Arnulfsplatz den damals größten Saalbau der Stadt. Dies ist Fakt. Ob der begeisterte und auch preisgekrönte Kunstradfahrer in der Vergnügungsstätte gelegentlich selbst mit dem Einrad aufgetreten ist, ist zwar nicht verbürgt. Man kann es sich aber vorstellen.

Bald entwickelte sich das Velodrom zu »dem« gesellschaftlichen Mittelpunkt der Stadt. Rauschende Bälle wurden veranstaltet, Großereignisse gesellschaftlich umrahmt, musikalische Höhepunkte organisiert. Dazu trug wesentlich das ungewöhnliche Flair des Saalbaus bei. Die noch vorhandene Eisenkonstruktion wirkt schwerelos und war zur Entstehungszeit modernster Stand der Technik.

Die von Gusseisensäulen getragene, dreiseitig umlaufende Empore ermöglicht eine unverstellte Sicht. 1929 baute Oberndorfer den Betrieb zum Kino um – bot aber nach wie vor auch Veranstaltungen an. Für den bislang glücklichen Simon Oberndorfer brachten die Nationalsozialisten dann die tragische Wende. 1939 musste der jüdische Geschäftsmann zusammen mit seiner Familie aus seiner Heimatstadt fliehen. Nach verzweifelten Umwegen wurde er im Vernichtungslager Sobibor ermordet. Zwei Gedenktafeln erinnern heute noch an Oberndorfer: eine direkt am Velodrom, eine an der Brauereigaststätte Kneitinger, hinter der das Velodrom liegt.

Das allmählich verfallende Velodrom wurde durch ein großartiges Bürgerengagement in den 1990er Jahren vor dem Abbruch bewahrt. Über 600 Theatersitzplätze stehen jetzt zur Verfügung. Geboten werden von den städtischen Bühnen überwiegend Musical, Ballett und Schauspielaufführungen.

Adresse Arnulfsplatz 4b, 93047 Regensburg-Innenstadt | **ÖPNV** Altstadtbus, Haltestelle Arnulfsplatz | **Öffnungszeiten** Infos zum Spielplan unter www.theater-regensburg.de/haus/spielstaetten/velodrom.html | **Tipp** Eine deftige Mahlzeit und dunkles Bier gibt es im Traditionsgasthaus »Kneitinger«. Im Stadttheater gegenüber können Sie sich bei einer Tasse Kaffee über den Spielplan informieren.

66__Am Wiedfang

Der fast vergessene Hafen

Der Eingang zum »Wiedfang« (Windfang) führt über einen Renaissancebrunnen vom Beginn des 17. Jahrhunderts. Auf dem über zwei Steinsäulen angebrachten Querbalken des Ziehbrunnens sind auf beiden Seiten die Symbole für das Stadtwappen, zwei gekreuzte Schlüssel, angebracht und auch die Jahreszahl 1610. Das schmale Giebelhaus daneben – heute ein Lokal – zeigt einen Runderker der Romanik. Am Wiedfang befand sich der mittelalterliche Hafen von Regensburg. Die Stadt- beziehungsweise Wehrmauer war an dem heute noch vorhandenen Durchgang zum Donauufer hin geöffnet. Eine ziemlich verblasste Tafel erinnert noch daran.

Danach geht es durch die Toröffnung zum Leintritt, einem unregelmäßig gepflasterten Weg unmittelbar am Wasser. Wie der unumstrittene Regensburg-Kenner Karl Bauer in seinem Standardwerk zur »Kunst-, Kultur- und Alltagsgeschichte« schreibt, bezeichnete der Stadtplan aus dem Jahr 1808 diesen Ausschnitt als »an der Salzohm«.

»Ohm« bedeutet Maß, Eichmaß. Am Wiedfang erfolgte also das Wiegen und Eichen der Salzfässer. Danach wurden diese in den nahen Salzstadeln gelagert. Der Salzhandel war für das mittelalterliche Regensburg von zentraler Bedeutung. Die Bezeichnung »Ohm« verband sich dann auch mit jener Maschine, die Schiffe stromaufwärts durch die hier enge Steinerne Brücke zog. Die dazu gebrauchten Winden sind im Uferbereich auf dem Pflasterweg hin zur berühmten Wurstkuchl noch zu sehen.

Das enge Gebiet um den Wiedfang verdient im Zurückgehen vom Uferbereich noch einmal Aufmerksamkeit: Die niedrigen Häuser sind unmittelbar mit der flussseitigen Stadtmauer verbunden. Besonders liebevoll in einem ehemaligen Maschinengebäude eingebettet ist eine Galerie Am Wiedfang 5. Und nach einer leichten Kurve ragt – schon mit Blick zum Fischmarkt hin – ein komplexer Bau aus dem 13. Jahrhundert, später barock verändert, heraus: Hier war das ehemalige Gasthaus »Zum schwarzen Elefanten«.

Adresse Am Wiedfang, 93047 Regensburg-Innenstadt | **ÖPNV** Altstadtbus, Haltestelle Fischmarkt | **Tipp** Haben Sie es schon bemerkt? Von der Historischen Wurstkuchl her liegt der Duft von frischen Bratwürsten in der Luft. Dann also los zu diesem überregional bekannten Treffpunkt in Regensburg.

67_Die Ganghofersiedlung

Wohnungen mit Vergangenheit

Am Hang des Ziegetsberges oberhalb von Kumpfmühl stehen nach wie vor zwei Grundtypen von Wohnhäusern. Zur Straße hin ausgerichtet sind frei stehende Giebelbauten mit einer Einliegerwohnung. Sie sind gleichmäßig aufgereiht, wie auf einer Perlenschnur. Dann gibt es andererseits die zweigeschossigen Vierfamilienhäuser, die mit ihren Satteldächern eher einzeln stehen. Der Blick auf die Altstadt und die Domtürme war in den Bauplänen vorgesehen und ist – bis auf schnell davorgestellte Studentenwohnheime – noch nicht vollständig verbaut.

Gemüsebeete vor den Häusern und bucklige Obstbäume laden zum Plausch über den Zaun ein – die Gegend ist sehr gefragt, vor allen Dingen bei jungen Paaren. Die einstige Arbeitersiedlung hat sich dabei von innen heraus gewandelt. Gebaut beziehungsweise befohlen wurde die Anlage zwischen 1936 und 1939. Sie führte bis zum Ende des Zweiten Weltkrieges den Namen »Siedlung Göring-Heim« und diente als Wohnraum für Arbeiter der örtlichen Messerschmitt Flugzeugwerke. Sie war also für die Nazimachthaber – wie so vieles – bloßes Mittel zum größenwahnsinnigen Zweck.

Mehrere hundert Wohnungen entstanden ganz nach der Ideologie der damaligen Zeit: betont nüchtern und puritanisch streng. Da ist es schon tröstlich, dass sich die heutige Ganghofersiedlung so gar nicht mehr zum Strammstehen eignet. Ganz im Gegenteil. Vielmehr meint der Besucher, einen gemeinschaftlichen Raum von Individuen zu spüren. Man kennt und grüßt sich in diesem Umfeld, die Nähe zur Universität verschafft ohnehin etwas Großzügiges.

Ein origineller Anziehungspunkt ist in diesem entspannten Umfeld das Wirtshaus Hubertushöhe. Nicht nur wegen der Kegelbahn und des schattigen Biergartens, der zu den schönsten von Regensburg gehört. Hier gibt es auch noch Aufführungen des Bauerntheaters. Diese kommen beim Publikum immer noch und immer wieder ausgezeichnet an.

Adresse Ganghofersiedlung, Karl-Stieler-Straße, 93051 Regensburg-Kumpfmühl-Ziegetsdorf | ÖPNV Bus 16 oder 19, Haltestelle Ziegetsdorfer Höhe | Tipp In Kumpfmühl wird regelmäßig ein Bauernmarkt mit regionalen Spezialitäten aus der Gegend veranstaltet – jeden Mittwoch und Samstag von 6 bis 12 Uhr.

68 Das Gasthaus Schrödl

Wo die Wiege der bayerischen Sozialdemokraten steht

Im alten Gasthaus Schrödl (oder Schrödel) ist eine Spielothek untergebracht. Die blinkenden Automaten sind durch die geöffneten Fenster des Erdgeschosses zu sehen. Die darüberliegenden Öffnungen des platzgreifenden ockergelben Hauses in der ehemaligen Ortsmitte werden von Fensterläden geschmückt, ganz oben sind dann ein paar Dachgauben. So weit, so nichtssagend. Beinahe schüchtern wirkt an dem Gebäude eine kleine Gedenktafel: »Am 26. Juni 1892 wurde hier im ehemaligen Schrödelsaal der Landesverband Bayern der Sozialdemokratischen Partei Deutschlands gegründet. SPD Reinhausen-Sallern-Weichs 1992.«

Hier fanden sich nach einer Broschüre der heutigen Sozialdemokraten 70 Delegierte aus 46 Orten zusammen, nachdem in Regensburg ein Versammlungsort nicht aufzutreiben war. Den Gastwirten sei von den Stadtoberen mit Konzessionsentzug gedroht worden. Auch von Boykottdrohungen war wohl die Rede. Der Schrödel-Wirt im Arbeiterort Reinhausen vor den Toren der Stadt ließ sich allerdings nicht einschüchtern. Er öffnete sein Gasthaus, und die Delegierten tranken »vorzügliches Jesuitenbier« – wie ein Zeitzeuge berichtete. Für Regensburg – und eben dann Reinhausen – hatte auch gesprochen, dass das Gründungslokal für die Anreisenden aus den damaligen Parteizentren München und Nürnberg gut zu erreichen war.

Und so kam es dann zu den ersten Voten: Bei dem Landesparteitag wurde einstimmig beschlossen, dass die Partei erstmals eigene Kandidaten für die Landtagswahl 1893 aufstellt. Noch einen zweiten »Weiheort« gibt es für die Sozialdemokraten in Regensburg – ebenfalls mit einer Tafel an der Außenwand. Am Hintereingang der einstigen Nobelherberge »Weißes Lamm« an der Ecke Weiße-Hahnen-/Weiße-Lamm-Gasse in der Nähe der »Historischen Wurstkuchl« wird an den SPD-Urvater August Bebel erinnert. Er arbeitete von November 1858 bis Februar 1859 als Drechslergeselle in der Stadt.

Adresse Steinweg 12, 93059 Regensburg-Reinhausen | **ÖPNV** Bus 12, Haltestelle Frankenstraße | **Öffnungszeiten** Mo–So 11–0.30 Uhr | **Tipp** In der Nähe ist das rustikale Wirtshaus »Auerbräu«. Die Einrichtung ist so unverfälscht wie die Speisekarte. Ein wahrlich echtes Erlebnis.

69__Die Baseball-Arena

Double-Elimination zur WM

1.000 Sitzplätze und mehr als 2.000 Stehplatzmöglichkeiten – die nach einem Regensburger Sportreporter benannte Armin-Wolf-Arena ist das größte Baseballstadion in der Republik. Dabei ist Baseball eigentlich nicht gerade ein Volkssport in Deutschland – schon gar nicht in Bayern. Aber: Auf dem Baseball Areal gibt es die »Legionäre«, eine erfolgreiche Truppe mit der Leidenschaft für diese raue amerikanische Schlagballvariante.

Runner und Pitcher sind in der Arena mit genauen Aufgaben unterwegs, der Catcher tut gut daran, zusätzliche Schutzausrüstung zu tragen. Das Regelwerk ist zwar nur für Eingeweihte verständlich. Das tut dem dynamischen Geschehen aber wenig Abbruch. Zusehen ist ein Erlebnis – auch wenn man nicht so genau weiß, worum es dabei geht. Die eigenen Fans auf jeden Fall unterstützen die Legionäre.

Im Sommer 1998 wurde das eine Million Euro teure Stadion eingeweiht – seitdem ist es nicht nur Spielstätte für die Regensburg Legionäre. Vielmehr logieren hier auch das Bayerische Landesleistungszentrum Baseball und der Bundesstützpunkt Süd. Nach dem Zuschlag für einige Spiele im Rahmen der europäischen Ausscheidung zur Baseball-Weltmeisterschaft 2009 wurde das Stadion noch einmal kräftig ausgebaut.

Die Maßnahme hat sich offensichtlich gelohnt: Das Regensburger Stadion ist in Baseballkreisen eine feste Größe. Neben den Bundesligaspielen der Legionäre werden regelmäßig auch internationale Wettkämpfe durchgeführt. Breitschultrige Recken aus Nordamerika, Australien oder auch China bevölkern die Szenerie. Im September 2012 kämpften Kanada, Großbritannien, Tschechien und Gastgeber Deutschland um einen Platz bei der Hauptrunde in den USA im März 2013. Schließlich ist noch die Frage zu klären, was der Spielmodus »Double Elimination« bedeutet. Eigentlich ganz einfach: Erst nach zwei Niederlagen scheidet ein Team aus.

Adresse Donaustaufer Straße 260, 93055 Regensburg-Schwabelweis | ÖPNV Bus 5, Haltestelle Schwabelweiser Brücke | Tipp Das nahe gelegene Donaueinkaufszentrum war das erste seiner Art in Deutschland. Hier finden Sie täglich (außer So) von 9.30 Uhr bis 20 Uhr »in 130 Geschäften alles unter einem Dach.«

70__Der Andreas-Stadel

Ein multiples »Haus für die Kunst«

Eine Werkstatt für Neue Medien und den Arbeitskreis Film oder Künstlerateliers – aber auch ein individuelles Speiserestaurant und ein nicht minder einladendes Hotel: All dies und noch mehr ist der Andreas-Stadel am Grieser Spitz in Stadtamhof. Und Grieser Spitz heißt nebenbei: Stadtlandschaft im Grünen. Hier vereinen sich Regen und Donau – das Gelände gleicht einer Allee. Der Andreas-Stadel bettelte förmlich nach einer Nutzung. Mit seiner dreischiffigen, zweigeschossigen Holzkonstruktion ist er seit Anfang der 2000er Jahre nach geglückter Sanierung ein unübersehbares Juwel der Stadt.

In dem Gebäude von circa 1600 zeigten einst die bayerischen Herzöge der Reichsstadt Regensburg am gegenseitigen Donauufer ihre breite Brust. Sie nutzten den Bau als Umschlagplatz des bayerischen Salzhandels.

Bis in das 19. Jahrhundert hinein erfüllte der Stadel diese angestammte Aufgabe. Nach dem Niedergang dieses Wirtschaftszweiges entstanden in einem Teil des bald verkommenden, platzgreifenden Gebäudes Wohnungen. Im östlichen Bereich waren Feuerwehrrequisiten untergebracht oder auch Gerätschaften aus städtischen Ämtern. Da nutzte um das Jahr 2000 der Regensburger Unternehmer Oswald Zitzelsberger die brachliegende Chance: Er realisierte überzeugend ein »Haus für die Kunst«. So gehört etwa das Kino »Wintergarten« seit der ersten Stunde zum Künstlerhaus Andreas-Stadel. 75 Plätze im Wintergarten und 45 Plätze im Theater im Akademiesaal laden ein. Der für den Betrieb verantwortliche Arbeitskreis Film Regensburg e.V. sorgt für ein engagiertes Programm und: Die Kinos können auch für andere Kulturveranstaltungen angemietet werden.

Zusätzlich ist in den balkendurchzogenen Stockwerken geeigneter Platz für Ausstellungen, Lesungen, Musik und Tanz. Und auch nicht selbstverständlich: Künstlerateliers geben günstige Unterkunft und Arbeitsmöglichkeiten für schlummernde Talente.

Adresse Andreasstraße 28, 93059 Regensburg-Stadtamhof | **ÖPNV** Bus 12, Haltestelle Steinweg, über die Protzenweiherbrücke nach Stadtamhof gehen | **Pkw** Parkmöglichkeiten finden Sie am »Unteren Wöhrd«, ehemals »Jakobi Gelände« (bei Eiserner Brücke), dann sind es nur wenige Meter zu Fuß über den »Grieser Steg« zum Künstlerhaus. | **Tipp** Genießen Sie bei einem Gang über den »Grieser Spitz« eine naturnahe Stadtlandschaft mit Ausblick auf den Zusammenfluss von Donau und Regen.

71 Der Brückenbasar

Bevor es in die Stadt hineingeht

Der Busterminal in Stadtamhof ist die offizielle Ein- und Aussteigestelle für Reisegruppen, die Regensburg mit dem Bus besuchen. Von hier aus führt der Weg in etwa zehn Gehminuten über das Mittelalterwunder Steinerne Brücke in die Altstadt. Stadtamhof hat sich in der jüngeren Vergangenheit zu einem begehrten Wohnviertel entwickelt. Die Wohnungen sind teuer geworden.

Kein Wunder – die Umgebung ist ländlich und städtisch zugleich. 1924 wurde das Gelände um ein ehemaliges Landgut nach Regensburg eingemeindet. Es ist der kleinste von insgesamt 18 Stadtbezirken. Bevor es über die Steinerne Brücke hinübergeht in die Stadt mit ihren zahlreichen Entdeckungsmöglichkeiten, stößt der Besucher auf den sogenannten Brückenbasar. Dieses klassizistische Kleinod vermittelt jenes italienische Flair, das dieser Gegend an der nördlichsten Stelle des Europaflusses Donau nachgesagt wird. Die beiden eingeschossigen Ladenzeilen sind nach oben hin mit einem Walmdach abgeschlossen. Die symmetrisch geordnete Anlage mit einem hakenförmigen Grundriss wurde 1824 errichtet – 1809 waren die mittelalterlichen Vorbauten bei heftigen Auseinandersetzungen im Napoleonischen Krieg zerstört worden.

Straßencafés locken nunmehr zum Verweilen, Pizzen und Asiatisches werden angeboten, kleinere Geschäfte ergänzen die Szene. Ein Blick in die engen Gassen hinein zeigt nebenbei uralte, abgewetzte Pflastersteine und Rundbögen, unter denen einst Pferdefuhrwerke bequem durchfahren konnten. Kunsthistorisch interessant sind das Katharinenspital und die Rokokokirche St. Mang. Die stolzen Bürgerhäuser in der Hauptstraße zeugen von lang gepflegtem Selbstbewusstsein.

Früher hieß es, ein »Stadtamhoferer« heiratet nicht über die Donau hinüber – und umgekehrt. Die Reichsstädter am anderen Ufer wollten nicht sehr viel mit den »Baierischen« zu tun haben – und umgekehrt.

Adresse Am Brückenbasar, 93059 Regensburg-Stadtamhof | **ÖPNV** Bus 12, Haltestelle Steinweg, zu Fuß über die Protzenweiherbrücke | **Tipp** Im Sommer ist der Besuch des unmittelbar am Brückenbasar gelegenen Spitalgartens ein Muss. Unter schattigen Kastanien schmeckt der Weichser Rettich besonders gut.

72 Das Geburtshaus der Karolina Gerhardinger

Wo die Schulschwestern ihren Anfang nahmen

Die Anwesen »am Gries« in Stadtamhof sind kleinteilig und geduckt in der Enge der verwinkelten Gassen, sie scheinen sich aber gegenseitig zu stützen. Beinahe ländliche Ruhe herrscht in diesem Winkel. Aus einem Garten heraus gackern Hühner. Die winzigen Gartengrundstücke tragen zum nachbarschaftlichen Kontakt bei, das Kopfsteinpflaster hält die allzu Neugierigen fern. Die Bewohner des Grieses haben immer schon mit der manchmal über die Ufer schwappenden Donau gelebt – seit einiger Zeit hilft ein effektiver Hochwasserschutz.

In dem – später umgebauten – Haus mit der Nummer 19 wurde am 20. Juni 1797 Karolina Gerhardinger in einfache Verhältnisse hineingeboren. Eine Gedenktafel erinnert heute noch an die spätere Gründerin der Armen Schulschwestern. In dem aktuellen Gebäude mit einer turmartigen Mitte finden seit den 1980er Jahren ältere Schwestern ihren »Austrag«. Sie waren vorher zum Teil weltweit unterwegs.

Karolina Gerhardinger muss ein außergewöhnlich aufgewecktes Mädchen gewesen sein. Sie fiel dem späteren Bischof Georg Michael Wittmann auf. Weil er durch die zunehmende Aufklärung den allmählichen Verfall der Sitten auch bei der einfachen Bevölkerung befürchtete, lenkte er Karolina in Richtung Erziehung. Die damals erst Zwölfjährige wurde zur Lehrerin für arme Kinder und arbeitslose Mädchen. Nachdem es in Stadtamhof nicht möglich war, begann Karolina in Neunburg vorm Wald mit dem Aufbau einer klösterlichen Gemeinschaft. Das Ergebnis war schließlich der weltweite Einsatz des Ordens der Armen Schulschwestern. Das Ziel dabei: die Erziehung von Mädchen zu christlich geprägten Frauen und vor allem Müttern. Karolina Gerhardinger starb am 9. Mai 1879 in München. Am 17. November 1985 wurde sie von Papst Johannes Paul II. seliggesprochen.

Adresse Andreasstraße 19, 93059 Regensburg-Stadtamhof | **ÖPNV** Bus 12, Haltestelle Steinweg, circa zehn Minuten Fußweg über Protzenweiherbrücke | **Öffnungszeiten** nicht geöffnet | **Tipp** Sehen Sie sich das idyllische Wohnviertel am Gries in Ruhe an. Es ist eine einmalige Wohnlage – ein idyllisches Dorf gegenüber der Altstadt. Sie werden es genießen.

73 Die Kirchenmusikschule

Moderne Ausbildung mit eindrucksvoller Tradition

Nahezu alles in Regensburg kann auf weit zurückreichende Ursprünge verweisen. Dies gilt auch und besonders für qualitätsvolle Kirchenmusik. So gründete der heilige Bischof und Diözesanpatron Wolfgang bereits im Jahr 975 eine Domschule zur Ausbildung von Knaben für den Sängerdienst im Dom. Hier hat auch der weltberühmte Chor der Regensburger Domspatzen seinen Ursprung.

Die evangelischen Christen dürfen dagegen auf die Regensburger Kantorei verweisen, also auf die außergewöhnlich erfolgreiche und anerkannte Pflege der Kirchenmusik in der Neupfarrkirche oder auch in der Kirche St. Oswald. Bei dieser reichen Tradition beider Konfessionen ist es nicht verwunderlich, dass 1874 ausgerechnet in Regensburg die weltweit erste katholische Kirchenmusikschule gegründet wurde.

Untergebracht ist die »Hochschule für katholische Kirchenmusik und Musikpädagogik Regensburg« heute in der Andreasstraße in Stadtamhof. Die barocke Dreiflügelanlage mit hochgewölbten Räumen hat einstmals das Augustiner-Chorherrenstift St. Andreas und St. Mang beherbergt. Jetzt ist hier – hinter alten Mauern – alles modern und funktional: Die Einrichtung zeichnet sich durch eine große Praxisnähe aus. Konzerte, regelmäßige Gottesdienste, Chor- und Orgelfahrten und Kurse mit international bekannten Künstlern ergänzen den Stundenplan. Im Haus stehen zum Beispiel 13 Orgeln und eine Vielzahl von Pianos und Flügeln zur Verfügung.

Wer während eines Sommertages draußen vorbeigeht, kann sich vom Übungsfleiß der Studierenden überzeugen. Die 170 jungen Menschen in der Musikhochschule kommen derzeit aus zwölf Ländern der Erde. Unterschiedliche Hautfarben und Mentalitäten zeichnen ein ungezwungenes Bild. Auch die Fahnen vor dem Haus wehen den Passanten einladend und freundlich zu. Die Absolventen, die hier ihr künstlerisches und pädagogisches Werkzeug erhalten, werden sicherlich in aller Herren Länder davon berichten.

Adresse Andreasstraße 9, 93059 Regensburg-Stadtamhof | **ÖPNV** Bus 12, Haltestelle Steinweg, zu Fuß über die Protzenweiherbrücke nach Stadtamhof | **Öffnungszeiten** zu den Konzerten, Infos unter www.hfkm-regensburg.de | **Tipp** Die Rokokokirche St. Mang ist heute die Pfarrkirche von Stadtamhof. Der Hochaltar mit sechs Säulen mit dem Altarbild des heiligen Andreas stammt aus dem frühen 18. Jahrhundert.

74__Die Protzenweiherbrücke

Ein Aussichtspunkt für Technikfans

Die Szene ist mittlerweile typisch und wiederholt sich in wechselnder Besetzung: Da steht etwa der Großvater mit dem Enkel auf der Protzenweiherbrücke, weist mit erläuterndem Finger auf die Fahrrinne, macht den riesigen, herannahenden Schubverband aus und klärt den Nachwuchs auf. Damit das große Schiff auf dem Kanal weiterfahren kann, muss es hier durch die Schleuse. Diese ist zwölf Meter breit und fast 200 Meter lang.

Das zum Beispiel mit Eisenerz beladene Schiff fährt nach Erlaubnis in die Schleuse ein. Dabei ist es denkbar eng. Ein mächtiges Tor wird geschlossen und die Schleusenkammern werden mit Wasser gefüllt. Das dauert einige Zeit – der Frachter ist von der Brücke aus ungestört zu beobachten. Und was kaum einer weiß: Die Schleusung erfolgt nicht von dem Schleusenturm an dieser Brücke aus, sondern ferngesteuert von einer eigenen Leitzentrale am Kreuzhof im Osten von Regensburg. Der Turm ist also eigentlich ein Dummy.

Anhand der Fahnen kann bei den Schiffen auch gleich eine kleine Länderkunde betrieben werden. Meist sind Schiffe aus den östlichen Nachbarstaaten unterwegs – die Donau führt ja letztlich von hier aus bis zum Schwarzen Meer. Ab und zu winkt ein Besatzungsmitglied herauf. Doch die Schleusung fordert die nötige Konzentration: Zentimetergenau geht es durch das geöffnete zweite Tor – das Schiff kann ausfahren.

Die Präzision und die Langsamkeit des Vorgangs sind ein Schauspiel der besonderen Art. Und was der Großvater seinem Enkel auch noch erzählen kann: Der Name Protzenweiher geht auf einen feuchten Graben zurück, in dem auffallend viele Kröten lebten – man nannte sie Protzen. Bis zum Ausbau der Regensburger Donau und der damit notwendigen ersten Brücke in den 1970er Jahren wurden hier auch die Regensburger Frühjahrs- und Herbstdulten veranstaltet. Diese Volksfeste wurden später auf einen nahen Großparkplatz ausgesiedelt.

Adresse Protzenweiherbrücke, 93059 Regensburg-Stadtamhof | **ÖPNV** Bus 12, Haltestelle Steinweg, zu Fuß auf die Protzenweiherbrücke | **Tipp** Von der Protzenweiherbrücke aus blicken Sie nordwärts auf das »Bunte Haus«. Wegen der auffallenden Farben gab es Behördenschwierigkeiten. Befürchtet wurde eine Ablenkung der Autofahrer.

75_Die RT-Halle

Sportarchitektur der 1920er Jahre

Der bekannteste Sportler der im Jahr 1928 aus einem Zusammenschluss von drei Vereinen entstandenen Regensburger Turnerschaft – kurz: RT – ist der Boxer Hans Huber. 1964 stand er bei den Olympischen Spielen in Tokio gegen den späteren Profiweltmeister John Frazier aus den USA im Ring. Huber unterlag nur knapp und gewann Silber. Ebenso wie der Schwergewichtler Huber haben unzählige Amateursportlerinnen und -sportler in ihrer RT-Halle am Oberen Wöhrd jede Menge Schweiß verloren.

Doch auch Künstler nutzten die weitläufige Halle für maximal 800 Besucher als Auftrittsmöglichkeit: Louis Armstrong oder Udo Jürgens zum Beispiel. Und dies war auch im Sinne der Erbauer: Die RT-Halle sollte nicht nur den Sportlern, sondern auch den Bürgern als Veranstaltungsbau dienen. Deshalb wurde die zweigeschossige Halle im Erdgeschoss um eine großzügige Bühne und eine Gastwirtschaft ergänzt. Der Turnhallenraum ist an drei Seiten von einer freitragenden, übersichtlichen Galerie gesäumt. Unten gibt es Garderoben, Umkleiden und sanitäre Einrichtungen. Die RT-Halle gilt als wichtiger Beleg der moderneren Architektur in der Stadt. Klinker und nach oben hin glatter Putz wechseln sich ab – der Bau ist in sich stimmig und steht selbstbewusst in der zur Donau hin geöffneten Landschaft.

Am 5. Januar 1930 war die Halle am Oberen Wöhrd fertiggestellt. Während des Zweiten Weltkrieges wurde sie als Lazarett genutzt und anschließend bis 1951 von den Amerikanern belegt. Trotzdem entwickelte sich die RT in den 1950er Jahren mit rund 5.000 Mitgliedern zum zweitgrößten Sportverein Bayerns. Nach der Übernahme der Trägerschaft durch die Stadt Regensburg wurde aufwendig saniert. Heute gibt es in der RT-Halle und auf dem Vorplatz gelegentlich Flohmärkte oder kleinere Messen. Bei den Rot-Blauen hatten und haben jedenfalls die Breitensportarten eine attraktive Heimstatt – von Judo über Turnen bis Handball.

Adresse Schopperplatz 6, 93059 Regensburg-Stadtamhof | **ÖPNV** Altstadtbus, Haltestelle Arnulfsplatz, zu Fuß über die Eiserne Brücke, links circa 300 Meter | **Pkw** A 93, Regensburg–Hof, Ausfahrt Regensburg-Pfaffenstein, der Beschilderng nach Oberer Wöhrd-Dultplatz folgen, hier Parkplätze | **Öffnungszeiten** Mo–So 8–20 Uhr | **Tipp** Das Wöhrdbad unmittelbar daneben bietet im Sommer naturnahe Liege- und Wasserflächen. Im 50-Meter-Sportbecken stehen acht Bahnen zur Verfügung. Geöffnet von Mai bis September.

76 Sandra Paretti

Die Bestsellerautorin mit dem inszenierten Ende

Die Gesamtauflage ihrer Bücher wird mit rund 30 Millionen Exemplaren angegeben – sie gehört also zweifellos zu den meistgelesenen deutschsprachigen Autorinnen der Gegenwart.

Eine kleine Tafel erinnert heute an dem prächtigen Anwesen in der Badstraße 20 am nördlichen Donauufer der Altstadt an die exzentrische Literatin: »Hier lebte die Schriftstellerin Dr. Irmgard Schneeberger (1935–1994), bekannt unter ihrem Künstlernamen Sandra Paretti. 1935–1953.«

Das in milden Ockertönen gehaltene Wohnhaus ist barock gegliedert und trägt ein ruhiges Walmdach. Eine Kartusche mit einem Engelskopf über der Haustür verweist auf das Jahr 1742. Dieser Eingang mit einem breiten Tor stammt noch aus der Zeit, als hier eine Tuchmanufaktur stand. Die Badstraße am Donauufer führt südlich entlang des Oberen Wöhrd auf die Steinerne Brücke zu. Hier gab es einst private Badeanstalten.

Nach dem Abitur 1953 studierte Irmgard Schneeberger Musik und Germanistik, promovierte und arbeitete als freie Journalistin. Bereits ihr erster Roman »Rose und Schwert« war erfolgreich – später wurden einige ihrer Gesellschaftsromane verfilmt wie »Der Winter, der ein Sommer war«. Doch nicht nur die unter dem Künstlernamen Sandra Paretti erschienenen Bücher beschäftigten Leser und Medien – ihr Tod regte eine frühe Diskussion über Sterbehilfe an. Sie wählte 1994 den Freitod, nachdem sie ihre Krebserkrankung nicht besiegen konnte.

Das eigene Ende »inszenierte« Paretti fast wie einen Roman. Die von ihr verfasste Todesanzeige in der Neuen Zürcher Zeitung (sie lebte seit 1969 in der Schweiz) enthielt den Satz: »Das große Fest des Lebens verlasse ich mitten in dem Walzer, zu dem ich eigentlich durch Frühlingswiesen und Vergissmeinnicht-Nächte bis ins Jahr 2000 tanzen wollte.« Am 21. März 1994 nahm sie das Gift, das ihr von einer Sterbehilfeorganisation zur Verfügung gestellt wurde.

Adresse Badstraße 20, 93059 Regensburg-Stadtamhof | ÖPNV Altstadtbus, Haltestelle Arnulfsplatz, dann zu Fuß über den Eisernen Steg, rechts in die Badstraße | Tipp Bei der nahe gelegenen RT-Halle (siehe Seite 158) treffen Sie auf das ehemalige Bootshaus des Regensburger Rudervereins. Hier werden in stilvollem Ambiente italienische Gerichte angeboten.

77_Das Walhalla-Bockerl

Ein geliebtes Original

Das kleine, liebevoll restaurierte Walhalla-Bockerl steht etwas verschämt neben der ausladenden Toilettenanlage am Busterminal von Stadtamhof. Ein paar Meter Bahngleise liegen unter ihren Füßen. Nicht nur Eisenbahnfans möchten die schwarz-rote Lok am liebsten streicheln. Kinder wollen hinaufsteigen zum Platz des Lokführers, und Ältere erzählen, wie damals alles war – bis die Bahn ihren Dienst einstellen musste.

Die Walhallabahn wurde als meterspurige Schmalspurbahn 1889 in Betrieb genommen und fuhr bis 1968 auf der Strecke Stadtamhof bis nach Donaustauf. Dieser 8,9 Kilometer lange Schienenweg wurde damals in erster Linie wegen der Walhalla gebaut. Der »Ruhmestempel der Teutschen« war 1842 vom bayerischen König Ludwig I. auf einem Bergrücken über der Donau errichtet worden. Hier sollten die Bildnisse der »rühmlich ausgezeichneten Deutschen« in einer öffentlich zugänglichen Gedenkstätte vereint werden. Wegen fehlender Verkehrsverbindungen wurde diese Stätte jedoch bis zur Eröffnung der Walhallabahn nur wenig besucht.

Das bald sogenannte »Walhalla-Bockerl« war also eine frühe touristische Infrastruktureinrichtung. Ursprünglicher Betreiber war die private Lokalbahn Aktien-Gesellschaft aus München. Die Strecke führte durch die heutigen Regensburger Stadtteile Steinweg, Reinhausen, Weichs und Schwabelweis. 1903 wurde die Strecke bis nach Wörth/Donau auf dann 23 Kilometer verlängert. Die Dampf- und Rauchwolken der engen Schmalspurbahn waren bald über die nähere Region hinaus bekannt. Auf einem Teil der Strecke lief sogar ein Bediensteter mit roter Fahne dem Zug voraus, um vor dem schnaubenden Gefährt zu warnen.

Nach dem Zweiten Weltkrieg kam dann die Zeit von Buslinien und damit zunehmender Unwirtschaftlichkeit. Nach dem Personenverkehr wurde Ende der 1960er Jahre auch der Güterverkehr auf der Strecke der Walhallabahn eingestellt.

Adresse Am Protzenweiher/Busterminal Stadtamhof, 93059 Regensburg-Stadtamhof | **ÖPNV** Bus 12, Haltestelle Stadtamhof | **Pkw** Auto zum kostenlosen Dultplatz oder zu Fuß über die Steinerne Brücke | **Tipp** Besuchen Sie nicht nur die Walhallabahn – auch ein Fußweg durch Stadtamhof lohnt sich. Der Ort war jahrhundertelang ein bayerisches Bollwerk zur gegenüberliegenden Freien Reichsstadt Regensburg.

78__Der IT-Speicher

Innovation pur

www.it-speicher.de: Diese Internetadresse prangt übergroß am ockergelben Gebäude in der Bruderwöhrdstraße. Zweifellos gehört der ehemalige städtische Getreidespeicher aus dem Jahr 1912 zu den prägnanten Gebäuden im östlichen Regensburg, dem früheren Schlachthofviertel. Außer Insidern weiß aber kaum jemand, wer hier arbeitet, und noch viel weniger, was hier eigentlich passiert. Diese Frage ist durchaus zu hören.

Nach der Nutzung als Getreidespeicher lagerte die BAYWA AG Saatgut und Düngemittel für die Landwirtschaft. Dann sanierte die Oswald Zitzelsberger Kunst- und Kultur-Stiftung das historische Gebäude. Zu Beginn der 2000er Jahre mietete die Stadt Regensburg es an, um ein Gründerzentrum für die Informationstechnologie zu eröffnen.

Auf einer Fläche von 3.000 Quadratmetern finden junge, innovative IT-Unternehmen die passende und vor allem auch kostengünstige Umgebung, um zu wachsen und Kontakte zu knüpfen. Sie sollen hier eine günstige Ausgangsbasis finden, um flügge zu werden. Die Büros sind großzügig angelegt und vor allem flexibel zu nutzen. Die allgemeine Infrastruktur wird auf die Mieter je nach Bedarf verteilt – als da sind: Besprechungs- oder Aufenthaltsräume. Die technische Ausstattung ist in diesem Bau selbstverständlich auf dem neuesten Stand.

Das Klima zwischen den Stockwerken ist jugendlich frisch, vorwärtsstrebend, dynamisch. Das »Du« ist der Umgangston, Businesskleidung ist kaum gefragt. Dafür sind Beratung und Unterstützung rund um die Unternehmensgründung selbstverständlich. Profitiert wird überdies auch vom vorhandenen Kontaktnetzwerk des IT-Speichers. Kurzum: Wer einer innovativen Idee auf die Sprünge helfen will, der ist hier an der richtigen Adresse. Der Bau wird zeitgemäß ergänzt durch eine Krabbelstube für Kinder von berufstätigen Eltern und ein Restaurant für den kleinen Hunger zwischendurch.

Adresse Bruderwöhrdstraße 15b, 93055 Regensburg-Stadtosten | **ÖPNV** Bus 12, Haltestelle Adolf-Schmetzer-Straße | **Tipp** Im Sommer lädt das STRAND:BAD (Donaulände) hinter dem IT-Speicher auf einen Cocktail ein. Besonders junge Menschen treffen sich hier nach der Arbeit.

79 Die Jugendherberge

»Echt cool«

Im Bereich des ehemaligen Eisstadions auf der Unteren Wöhrdinsel gibt es jede Menge kostenfreie Parkplätze. Das ist eine ausgesuchte Rarität in der Stadt. Zu erreichen sind sie über die Nibelungenbrücke oder über die Eiserne Brücke. Ist das Vehikel glücklich abgestellt, liegt die Altstadt etwa zehn abwechslungsreiche Gehminuten entfernt. Die einzigartige Silhouette von Regensburg mit Blick auf Donau, Steinerne Brücke und Dom entsteht quasi nebenbei.

Unauffällig eingeduckt in diese Situation ist die Jugendherberge der Stadt. Dabei muss sich die Einrichtung wahrlich nicht hinter Bäumen verstecken. Das 500-Betten-Haus wurde 1940 an diesen Ort verlagert und immer wieder auf den neuesten Stand gebracht. Die stetigen Investitionen sind zu sehen: Die lang gestreckte, von Bäumen eingesäumte Anlage ist außen und innen peinlich sauber gepflegt und ansprechend ausgestattet. Nichts von »speziellem Charme« anderer Häuser. Hier ist eindeutig ein einladender Platz für eine neugierige Jugend.

Ganz besonders dabei: Die Regensburger Jugendherberge wurde 1996 mit der Auszeichnung »erste Kulturjugendherberge der Welt« geehrt. Geboten werden nach diesem hohen Anspruch nicht nur preiswerte Übernachtungsmöglichkeiten für junge und jung gebliebene Menschen. Vielmehr stehen altersgemäße Programme zur kulturellen Bildung im Zentrum der Bemühungen – etwa geführte Exkursionen in die steinerne Altstadt. Natürlich ist dabei die 2.000 Jahre zurückliegende Geschichte als römisches Lager Castra Regina nicht zu übersehen.

Zusätzlich werden in der Kulturwerkstatt auch römische Sandalen gebastelt, oder es wird leckeres Essen vom heißen Stein angeboten. Auch das moderne Leben in historischem Gemäuer wird nicht vergessen. Forscherbögen und Arbeitshefte unterstützen das erworbene Wissen verständlich und nachhaltig. Die Kulturjugendherberge Regensburg – echt cool.

Adresse Wöhrdstraße 60, 93055 Regensburg-Stadtosten, www.regensburg.jugendherberge.de | ÖPNV Bus 3, 8, 9, Haltestelle beim ehem. Eisstadion | Pkw A 93, Abfahrt Regensburg-Nord, Frankenstraße stadteinwärts bis Nibelungenbrücke, Abfahrt zum kostenlosen Großparkplatz ehem. Eisstadion | Tipp Günstige Übernachtungsmöglichkeiten für junge Menschen gibt es beispielsweise auch noch im Brook Lane Hostel in der Oberen Bachgasse 21, Infos unter www.hostel-regensburg.de.

80_Die Königliche Villa

Sommersitz für den abwesenden Herrscher

Als die ehedem Freie Reichsstadt im Jahr 1810 zu Bayern kam, wurden die Gedanken bald verworfen, Regensburg zur Hauptstadt des jungen Königreichs zu machen. Standesgemäß verweilen sollte Maximilian II. gelegentlich aber trotzdem. So entstand also an der nordöstlichen Ecke der ehemaligen Regensburger Stadtbefestigung die Königliche Villa. Maximilian unterstützte den Bau huldvoll und sogar finanziell.

Das gesamte Gebäude verfügt über einen L-förmigen Grundriss. Es ragt hoch über der nahen Donau auf, die Hauptfassade ist zum Fluss hin ausgerichtet. Terrassen und Galerien lenken die Aufmerksamkeit auf die Stufengiebel und Ecktürmchen. Diese geben der Anlage eine belebende Leichtigkeit.

Das Gebäude kann als geglücktes Beispiel für ein neugotisches Schlösschen aus dem 19. Jahrhundert gelten. Im Sockel gibt es eine breite Kutscheneinfahrt, die den Besucher empfängt. Eine steinerne Wendeltreppe führt zum heutigen Foyer im Hochparterre. Im Inneren wird der äußere luftige Eindruck aufgenommen und durch breite Panoramafenster unterstützt. Besonders im Hochparterre ist dies der Fall – hier war Platz für die königliche Familie.

Und hier wird auch das Anliegen deutlich: der romantische Blick auf die Donau und auf die nahen Hänge. Seit 2007 ist die Königliche Villa Dienstsitz des Bayerischen Landesamtes für Denkmalpflege. Ein glücklicher Umstand – nicht zuletzt für die Bediensteten. Verstärkt wird der Gesamteindruck durch das Naturdenkmal Villapark mit einer Gesamtfläche von 1,5 Hektar. Für den öffentlichen Zugang ist gesorgt. Die Wege ziehen sich zwischen Bäumen und Sträuchern dahin, die durchkomponierte Gartenidee des 19. Jahrhunderts im Umgriff von Schlössern erfreut Auge und Gemüt.

König Maximilian II. war übrigens nicht so oft wie von den Regensburgern erhofft in der Stadt. Immerhin soll er sich über den Bau und seine Ausstattung erfreut gezeigt haben.

Adresse Adolf-Schmetzer-Straße 1, 93055 Regensburg-Stadtosten | **ÖPNV** Bus 10, Haltestelle Weißenburgstraße, circa 100 Meter entgegen der Fahrtrichtung zurücklaufen | **Öffnungszeiten** So–Mi 17– Uhr, Do–Sa 17–3 Uhr | **Tipp** Schauen Sie in der Kinokneipe am Ostentor vorbei. Hier gibt es noch kauzige Gemütlichkeit und Fachgespräche über die neuesten Filme.

81 Die Kreuzhofkapelle

Wo die Wurzeln von Österreich liegen

Eine modern-hässliche Kläranlage und das ausfransende Gelände des Regensburger Osthafens sind kurz vor Barbing immerhin ein Wegweiser, um die Kreuzhofkapelle St. Ägid überhaupt zu finden. Auch Großmöbelhäuser dienen als weithin bekannte Anziehungspunkte. Es muss also schon eine besondere Geschichte sein, die Besucher anlockt. Überdies ist die trutzige Kreuzhofkapelle in der Regel auch nur von außen anzusehen. Warum also der Weg hierher?

Der deutsche König Konrad III. sammelte im Jahr 1147 vor den Toren von Regensburg das Streitheer für den Zweiten Kreuzzug ins Gelobte Land. Ein stolzes Aufgebot von beseelten Glaubensreitern traf also hier zusammen, sprach sich Mut und Gebet zu. Gut 50 Jahre später brach auch der legendäre Friedrich Barbarossa vom Kreuzhofgelände auf, um im Dritten Kreuzzug für den wahren Glauben zu streiten. Der Überlieferung nach war Barbarossa aber schon zuvor einmal hier gewesen.

Auf neutralem Boden, also außerhalb der bayerischen Residenzstadt Regensburg, wollte er einen Streit um das Herzogtum Bayern schlichten. Das Ergebnis: Heinrich der Löwe wurde Herzog von Baiern, die baierische Ostmark als Kompromiss abgetrennt und zum eigenen Herzogtum erhoben. In der Kreuzhofkapelle wurde das dazugehörige »Priviliegium minus« 1156 besiegelt. Hier war also die ursprüngliche Geburtsstätte des souveränen Herzogtums Österreich.

Die Kreuzhofkapelle stammt aus dem 12. Jahrhundert und ist in einfachen romanischen Formen erbaut. Das profane Obergeschoss diente wohl als Herberge und manchmal auch als Zufluchtsstätte. Es konnte von außen über eine schmale Steintreppe erstiegen werden. Die Mauern sind außergewöhnlich dick und wehrhaft, errichtet aus Sandstein. Im Inneren ist die Kapelle schlicht eingerichtet – regelmäßige Gottesdienste finden nicht mehr statt. Jahr für Jahr gibt es allerdings immer noch Maiandachten und – als Geheimtipp – auch Trauungen.

Adresse Am Kreuzhof/bei Kläranlage, 93055 Regensburg-Stadtosten | **ÖPNV** Bus 32, 33, Haltestelle Kreuzhof | **Pkw** A 3, Ausfahrt Neutraubling, Richtung Barbing, Ortsrand Richtung Regensburg, bei Kläranlage rechts ab, circa 50 Meter bis zur Kapelle | **Öffnungszeiten** Besichtigung nur von außen möglich, Schlüssel beim Pfarramt in Barbing | **Tipp** Fahren Sie mit einem Ausflugsschiff von der Steinernen Brücke in Regensburg donauabwärts zur Walhalla. Unterhalb des Osthafens erscheint dabei auch die Kreuzhofkapelle.

82_Der MultiMarkt

Wo die russische Seele zu Hause ist

Der Supermarkt an der Alfons-Auer-Straße sieht von außen so aus, wie es wohl in einer Baufibel für Supermärkte als verbindlich festgelegt ist: grau, betoniert, trist, schmucklos. Über dem Erdgeschoss mit rund 800 Quadratmetern Verkaufsfläche sind Wohnungen. Am Samstagvormittag ist im Geschäft allerdings betriebsame Hektik: Vor allen Dingen Menschen mit hartem russischem Akzent drängen sich zwischen den Regalen, Frauen suchen Lebensmittel aus, Männer warten darauf, dass ihre Einkaufswagen befüllt werden.

Die Besonderheit: Abgepacktes Gebäck oder Nudeln aus Moldawien sind mit kyrillischen Buchstaben benannt. Hier kaufen also die Aussiedler aus der ehemaligen Sowjetunion ein – aber auch aus anderen Teilen Osteuropas.

Die Fischtheke beispielsweise bietet gedörrten Fisch – gern zum Bier gegessen. »Wie Chips in Deutschland«, so Eduard Oswald, der Chef des Hauses. Er will seinen Landsleuten ein Stück Heimat geben. »Wissen Sie«, sagt er und zeigt auf eine Tüte Trinkmilch mit kyrillischen Buchstaben, »diese Milch hier schmeckt wahrscheinlich nicht anders als in Deutschland abgefüllte Milch. Aber das Gefühl ist anders.« Nicht zuletzt Nostalgie ist ein Grund für den Erfolg des Ladens. Die russischen Zeitungen unterstreichen dies – trotz Internet.

120 Sorten Pralinen in vier Preisgruppen werden angeboten, »aus uralten Fabriken noch aus der Zarenzeit«. Eingelegte Gurken aus Ungarn werden einem großen Glas entnommen. Und um auch das Klischee zu bedienen: 80 Sorten Wodka decken wohl die üblichen Geschmacksvarianten weitestgehend ab. Die Leute an der Kasse stehen Schlange – etwa ein Viertel davon ist mittlerweile auch deutsches Publikum. Und noch einen Service gibt es am Ausgang: Ein kleines Reisebüro vermittelt nicht nur Reisen in die ehemalige Heimat. Vielmehr kümmert man sich auch um die dazu erforderlichen Visa.

Adresse Alfons-Auer-Straße 14, 93053 Regensburg-Stadtosten | ÖPNV Bus 3, Haltestelle Alfons-Auer-Straße | Öffnungszeiten Mo–Sa 9–18 Uhr | Tipp In der Nähe ist das AntoniusHaus. Das Veranstaltungszentrum aus den 1950er Jahren ist bereits in die Denkmalliste aufgenommen.

83__Das gotische Ostentor

Eines der besterhaltenen Stadttore Süddeutschlands

Der östliche Teil der erweiterten Altstadt von Regensburg wird von dem 35 Meter aufragenden Ostentor abgeschlossen. Wer auf dieser Seite zu den Ausfallstraßen hinaus- oder von den Straßen hereinwill, muss immer noch durch dieses Nadelöhr. Die Durchfahrt wird seit dem Mittelalter von einem Kreuzrippengewölbe überspannt. Das Tor konnte an dieser Stelle bei Gefahr durch ungebetene Ankömmlinge mit schweren Fallgattern auf beiden Seiten verschlossen werden.

Heute regelt eine Ampel diese enge Durchfahrt. Das gotische Trutzwerk war einer von sechs Tortürmen im spätmittelalterlichen Regensburg. Und auch heute noch ist es eines der unbestritten imposantesten Stadttore Deutschlands. Dieser Rang ist im Stadtbewusstsein nicht besonders verhaftet – die Ostengasse gilt nicht als attraktiv. Auf jeden Fall ist jetzt schon eine Besichtigung des Ostentors auch im Inneren möglich – und sollte wahrgenommen werden.

Die Aussicht aus luftiger Höhe unter dem Zeltdach mit zwei Gauben öffnet die Altstadt für einen ungewöhnlichen Blickwinkel. Das Ostentor selbst hat einen einfachen quadratischen Grundriss und wird von zwei dreigeschossigen Türmen flankiert – diese sind achteckig angebaut und unterstützen den wehrhaften Charakter des Ensembles. Ein früheres Wachhäuschen auf der Nordseite wurde durch einen neugotischen Bau ersetzt. Beachtenswert sind die Schießscharten und zwei Pechnasen am Turm. Siedendes Wasser oder Pech wurden im Ernstfall auf Angreifer hinuntergeschüttet. Armbrustschützen bezogen zusätzlich hinter den Schießscharten zum Osten hin Abwehrstellung.

Die Stadtseite ist dagegen etwas weniger kriegerisch angelegt. Die Gesamtanlage ist um 1300 entstanden. Damals wurde die östlich gelegene Vorstadt in die bestehende Befestigungslage integriert und damit gesichert. In der Durchfahrt belegt eine zeitgenössische Tafel den Bau dieser Zwingermauer an Ort und Stelle.

Adresse Ostengasse 39, 93055 Regensburg-Stadtosten | **ÖPNV** Bus 10, Haltestelle Weißenburgstraße | **Tipp** Besuchen Sie zusätzlich das Ostentor-Kino in der Adolf-Schmetzer-Straße 5. Hier gibt es Programmkino vom Feinsten.

84__Das Blindeninstitut

Wegweisende Architektur für Sehbehinderte

Der Kontrast ist ungewöhnlich – die gelebte Nachbarschaft aber umso vorbildlicher. An der Brunnstube 31 im äußersten Westen von Regensburg liegt einerseits die uralte Anlage des Prüfeninger Schlosses. Andrerseits zeigt ein Wohngebiet mit sichtbar gehobenem Anspruch zeitgemäßen Wohlstand. Integriert in das Umfeld ist dagegen ein lang gezogener, moderner Zweckbau, der seit 2005 das Blindeninstitut in Regensburg beherbergt.

Nach dem ersten Eindruck steigen die Gebäudeteile terrassenförmig leicht an. Bis aus Fernost kommen Architekten, um sich diese Anlage erklären zu lassen. Der Tenor dabei: unbedingt zur Nachahmung empfohlen! Eine der Bauvorgaben war die Einbindung in ein Wohngebiet – was sollte auch selbstverständlicher sein für Menschen mit Behinderungen? Die hier betreuten etwa 130 Kinder, Jugendlichen und Erwachsenen sind blind oder stark sehbehindert, manche auch noch mehrfachbehindert. Rollstühle sind der Alltag im Haus. Manche der Schüler leben mehr oder weniger ständig vor Ort, andere werden mit dem Fahrdienst bis unter den überdachten, ebenerdigen Eingang gebracht.

Diese unbedingte Funktionalität zieht sich schnörkellos ins Innere des Baus hinein. Alles ist geradlinig und rechtwinklig angelegt. Die Raumstrukturen sind klar auf die Bedürfnisse von Menschen mit Sehbehinderung und Blindheit ausgerichtet.

Aus der Vogelperspektive ähnelt die Anlage den ausgestreckten Fingern einer Hand. Die Vorderfront im Osten dient dabei als Schallschutz für die in diesen fünf Fingern untergebrachten Klassen-, Tagesstätten- und Wohnräume. Auch die behindertengerechten Zusatzräume des Gebäudes wie Schwimmbad oder Turnhalle gehören zu dem Komplex. Klarheit, Einfachheit, Zweckmäßigkeit – all dies zum Wohl der hier betreuten Personen aus Niederbayern und der Oberpfalz. Das Blindeninstitut von Regensburg ist ein gelungener Beitrag für ein modernes Stadt- und Menschenbild.

Adresse An der Brunnstube 31, 93051 Regensburg-Stadtwesten | **ÖPNV** ab Busbahnhof Regensburg Bus 1, Haltestelle Prüfeninger Bahnhof | **Öffnungszeiten** nur nach Vereinbarung | **Tipp** In der Nähe lohnt sich ein Rundgang um das weitläufige Erholungsgelände Baggersee. Hier ist auch das supermoderne »Westbad«. Die Aussicht auf die Winzerer Höhen rundet das Stadtbild zum Norden hin ab.

85__Das Figurentheater

Platz der Phantasie

Natürlich sind es zuerst die erwartungsvollen Augen der Kinder, die zählen: Ihr erstes Theatererlebnis in Regensburg ist sehr oft ein phantasieanregender Nachmittag im Figurentheater im Stadtpark. Nachdem die Einrichtung allerdings seit 1985 an Ort und Stelle ihr Programm anbietet, gibt es bereits auch angenehme Elternerinnerungen und sogar noch mehr: Für die Erwachsenen werden eigene Abendvorstellungen in Szene gesetzt – zum Beispiel »Faust – das Marionettenspiel«.

Eingebettet in die wunderschöne Natur, neben einer über 300 Jahre alten Linde (der ältesten Linde von Regensburg), liegt das »Regensburger Figurentheater im Stadtpark«.

Das Rokokohäuschen aus dem späten 18. Jahrhundert diente 1910 als Postamt für die große Regensburger Kreisausstellung. Es sieht so richtig verwunschen aus – die Phantasie wird allein schon durch das Umfeld angeregt.

Drinnen ist es kuschelig eng. Selbst gebaute Holzbänke bieten Platz für 100 Kinder – die »Stuhlfamilie« ist unterschiedlich hoch und besteht aus fünf Größen. So gibt es keine Sichtprobleme hin zum roten, etwa zwei Quadratmeter großen Guckkasten.

Dort saust zum Beispiel der Tanzmäuserich Wirbel-Max mit seiner Erfindermaus über die »Bühne«. Alle rund 400, etwa 30 bis 40 Zentimeter großen Figuren sind ebenfalls im Theaterumfeld selbst hergestellt. Sehr viel Liebe und Engagement wird im Detail sichtbar – vor allen Dingen aber spürbar.

Das Repertoire des ambitionierten Ensembles ist breit gestreut und bietet Schauspiel für Jung und Alt. Nachmittags wird auch ein eigenes Programm für Familien und Kinder angeboten. 1980 gründeten Evi-Maria Robl und Heinz Polkehn ihr eigenes Theater, fünf Jahre später bezogen sie ihr eigenes Domizil im Stadtpark. Bisher ist es die einzige feste Spielstätte für ein professionelles Marionettentheater in Niederbayern/Oberpfalz.

Adresse Dr.-Johann-Maier-Straße 3, 93049 Regensburg-Stadtwesten, www.regensburgerfigurentheater.de | **ÖPNV** Bus 1, Haltestelle Stadtpark | **Öffnungszeiten** Di, Mi, Fr–So 10–17 Uhr, Do 10–20 Uhr | **Tipp** Das benachbarte Kunstforum »Ostdeutsche Galerie« beherbergt mehrere Schausammlungen.

86_Der Judenfriedhof

Ein Stück Ewigkeit am Rande des Stadtparks

Die Geschichte des jüdischen Friedhofs an der Schillerstraße im Westen des Stadtparks ist so bizarr, dass sie sofort in ihren Bann zieht. Auf dem gut acht Hektar großen Gelände des Stadtparks existierten bis in die Neuzeit hinein nebeneinander die Friedhöfe der katholischen als auch der evangelischen Gemeinde der Stadt.

Zu Beginn des 19. Jahrhunderts hatte sich in Regensburg – lange nach der schändlichen Vertreibung von 1519 – zusätzlich auch wieder eine zahlenmäßig beachtliche jüdische Gemeinde herangebildet. Diese wollte natürlich auch ihre Toten bestatten. Es konnte ein Grundstück im Westen des Stadtparkgeländes erworben werden – ein Areal, das niemand sonst haben wollte. Denn: Genau in dieser Richtung lag das Schussfeld von übenden Soldaten.

Direkt vor dem Friedhof ist auch heute noch ein Hügel zu erkennen, der als Kugelfang diente – und: Ab und zu geriet ein Schuss mit den schweren Zündnadelwaffen über das Ziel hinaus. Die jüdische Gemeinde richtete sich überaus pragmatisch ein: Im besonders gefährdeten Gebiet des Friedhofs sind die Grabsteine nicht geostet, sondern sie weisen in nördliche Richtung. Den gelegentlichen Geschossen standen dadurch nicht die wertvollen Breitseiten mit der Grabinschrift entgegen, sondern die Schmalseiten.

Die wunderbare Ruhe heute wird durch eine massive, umlaufende Mauer unterstützt. Die Inschriften auf den Hunderten »Häusern für die Ewigkeit« sind in Deutsch und auch Hebräisch verfasst. Dass der Friedhof schließlich auch die Nazizeit »überlebte«, ist Zufall, so wird erzählt. Grundstücksnachbar war ein General. Als der erfuhr, dass gegen Ende des Krieges haufenweise Blindgänger auf dem Friedhofsgelände aufgestapelt waren, sorgte er eigennützig für umgehende Abhilfe. Bald darauf streiften die Ausläufer eines Bombenangriffs dann diesen Teil des Stadtparks – der jüdische Friedhof wäre unweigerlich durch das vorher gelagerte Waffenmaterial mit in die Luft geflogen.

Adresse Schillerstraße 29, 93049 Regensburg-Stadtwesten | **ÖPNV** Bus 1 Richtung Prüfening, Haltestelle Goethestraße | **Öffnungszeiten** Apr.–Nov. So–Do 7–18 Uhr, Fr 7–15 Uhr; Dez.-März So–Do 7.30 Uhr bis Einbruch der Dunkelheit, Fr 7.30–15 Uhr | **Tipp** Ein Spaziergang durch den Stadtpark entspannt. Die Blumenpracht wird vom Stadtgartenamt sehr gut gepflegt. Hier treffen sich auch regelmäßig Boule-Spieler.

87 Die Margaretenau

Garten und Haus für kleine Leute

Der markante Mittelresalit eines Mietshauses fungiert als Empfangskomitee der Margaretenau. Der Dachreiter mit der Uhr und der Glocke ist das Wahrzeichen der Margaretenau. Fast hat man das Gefühl, dass der Einlass kontrolliert werden könnte – oder eben: dass man sich daheim fühlen darf, wenn man dazugehört.

Erlebbar wird hier ein urwüchsiges Viertel mit eigener Geschichte und individuellem Charakter. Zu sehen sind 15 Reihenhäuser und vier Einzelhäuser mit geschützten Innenhöfen und nicht zuletzt: Vor und neben der Wohnung gehört ein winziger Garten dazu. Fast 90 Hauseingänge führen ins Private, 400 Wohnungen für 600 Menschen stehen zur Verfügung. Die Straßennamen sind zum Beispiel Georg-Herbst-Straße, Lindenstraße oder Ulmenstraße.

Die Margaretenau hat einen ganz realen »Versorgungshintergrund«: Als nach dem Ersten Weltkrieg Regensburg wieder einmal zu eng geworden war, musste etwas geschehen. Die ohnehin ausgeprägte Wohnungsnot in der Stadt hatte sich, durch Aussiedler aus der neu gegründeten Tschechoslowakei und aus der besetzten Pfalz, dramatisch verschärft. Baugenossenschaften und -vereine waren gezwungen, aktiv zu werden. Eine davon nannte sich Baugenossenschaft Margaretenau und wurde von Mitgliedern des örtlichen Mietervereins gegründet.

Namensgeberin war die allseits beliebte Fürstin Margarete von Thurn und Taxis. Die Gemahlin des Fürsten Albert von Thurn und Taxis stammte aus dem Hause Habsburg und galt als ausgezeichnete Reiterin. Bei ihren Ausritten streifte sie immer wieder das ursprünglich sumpfige Gebiet der kleinen Gartenvorstadt. Vieles von dem genossenschaftlichen Baugedanken hat sich in die jüngere Zeit hinübergerettet – nicht überlebt haben allerdings einzelne Läden. Da gab es einst einen Tante-Emma-Laden, einen Kiosk und auch eine Metzgerei. Der Konkurrenzdruck durch die großen Märkte forderte seinen neuzeitlichen Tribut.

Adresse Lindenstraße 21, 93049 Regensburg-Stadtwesten | ÖPNV Bus 1, Haltestelle Margaretenau beziehungsweise Krankenhaus Barmherzige Brüder | Tipp Das Café Opera in der Prüfeninger Straße bietet außergewöhnliche Kuchen und Torten an. Die Nachfrage ist enorm.

88_Die Oase am Altstadtrand

Warum der Dörnbergpark Herz und Auge erfreut

Der Dörnbergpark wurde in der Mitte des 19. Jahrhunderts vom königlichen Hofgärtner Carl von Effner als englischer Landschaftsgarten angelegt. Auftraggeber war der Thurn-und-Taxis'sche Gesamtverwalter Ernst Friedrich von Dörnberg. Er war Eigentümer des zwei Hektar umfassenden Kerngrundstücks.

Heute ist der umfasste Dörnbergpark acht Hektar groß. Er beeindruckt durch ein harmonisches Wechselspiel zwischen unterschiedlichsten Baumgruppen und satten Grünflächen – beides ist reichlich vorhanden. Beim Rundgang – etwa vom Eingang an der Augustenstraße – entsteht unmittelbar der Eindruck von weiten Räumen und »grüner Lunge«.

In der warmen Jahreszeit machen es sich Studenten mit ihren Büchern bequem, Jogger queren die Szenerie, Angestellte vom gegenüberliegenden Justizpalast nutzen die Mittagspause für einen kurzen Spaziergang, und Rentner erfreuen sich an der Blumen- und Baumpracht. Über 60 Baumarten gibt es hier: Rot- und Blutbuchen, Kastanien, Ahornhaine. Die meisten Teile des Bestandes sind mehr als 100 Jahre alt.

Ungemein viele Vogelarten zwitschern überdies durcheinander. Baulich ragen im Park zwei Zeugnisse des 19. Jahrhunderts heraus: Das Dörnberg-Palais gehört zu den bedeutendsten Bauten, die außerhalb des Regensburger Grüngürtels entstanden sind. Es handelt sich um eine klassizistische Villa mit Säulenportikus, erbaut nach Plänen von Emanuel d'Herigoyen.

Und dann noch das Rosarium oder Schweizer Haus. Der als Treffpunkt für gepflegtes Essen und anregende Gespräche beliebte Pavillon ist im Schweizer Landhausstil erbaut. Diese malerische Besonderheit in bayerischen Gefilden ist holzverkleidet und wirkt mit ihren gesägten Ornamentbändern wie der Zeit entrückt. Besonders bezaubernd wirkt ein als Rondell ausgeführter eiserner Laubengang, der den zum Haus gehörenden Rosengarten umfasste.

Adresse Eingänge Wittelsbacher Straße oder Kumpfmühler Straße, 93049 Regensburg-Stadtwesten | ÖPNV Bus 2, Haltestelle Justizgebäude | Tipp Das Bistro Rosarium bietet ein außergewöhnlich beschauliches Ambiente. Danach sollten Sie sich in der benachbarten Hoppestraße 6 die Weinschenkvilla ansehen (siehe Seite 188).

89__Das Schloss im Park

Wo der »Novize Wallraff« den adeligen Pater ärgerte

Als Max Emanuel Prinz von Thurn und Taxis – kurz Pater Emmeram – im Jahr 1994 mit 92 Jahren verstarb, standen am Grab des Benediktinermönchs nicht nur Herrschaften von Rang und Adel, sondern auch Mitglieder eines Motorradclubs. Zu ihnen hatte der vollbärtige Aristokrat während seines Eremitendaseins in Schloss Prüfening guten Kontakt gehalten. Etwas getrübter war da schon sein Verhältnis zum Enthüllungsjournalisten Günter Wallraff. Dieser hatte sich als »falscher Novize« bei ihm eingeschlichen und wollte die Zustände in dem Kloster erforschen.

Emmerams Bekanntschaften beschäftigten den deutschen Blätterwald. Der vom Prinzen zum Einsiedler gewordene Mann hatte einen großen Lebenswunsch: die Wiedererweckung Prüfenings als Kloster. Dies gelang zwar nicht, die Anlage ist aber heute (wieder) ein Areal von wunderbarer Gleichmut und historischem Tiefgang. Der Eingangsweg zur ehemaligen Benediktinerabtei wird von einer leicht ansteigenden, dicht und hoch bewachsenen Baumallee gesäumt. Nach wenigen hundert Metern öffnet sich ein Platz mit Kirche und Schloss – beide Baukörper sind zusammengebaut.

Die im 12. Jahrhundert erbaute Pfeilerbasilika St. Georg ist der erste größere Kirchenbau der sogenannten Hirsauer Schule in Bayern. Das unerwartet großflächige Gotteshaus ist eine Pfeilerbasilika mit bemerkenswerten romanischen Wandmalereien. Vor allem an den Vierungspfeilern und in den Nebenchören konnte ihr ursprünglicher Charakter – trotz Umformungen der Bausubstanz – weitgehend bewahrt werden. Die Farbigkeit der uralten Malereien beeindruckt.

Der Schlossteil der Anlage neben St. Georg ist übersichtlich um das mittige Eingangsportal gegliedert und (wieder) in gutem Zustand. Seit Anfang der 2000er Jahre sind immer mehr Teilbereiche der Regensburger Montessori-Schulen eingezogen. Eines derer Erziehungsprinzipien ist dabei die Förderung von Individualität.

Adresse Prüfeninger Schloßstraße 75, 93051 Regensburg-Stadtwesten | **ÖPNV** Bus 1, Haltestelle Rennplatz, von hier aus über die Bahnübergänge auf der linken Seite gehen | **Tipp** Das romanische Brunnhaus im südlichen Teil des Schlossparks ist ein Relikt der früheren Wasserversorgung des Klosters. Es ist eine historische Besonderheit erster Güte.

90__Die Weinschenkvilla

Großbürgertum mit der Telefonnummer 1

Die Regensburger Hoppestraße war immer eine klassische Villengegend für gut situierte Stadtbürger. So einer war an der Wende vom 19. zum 20. Jahrhundert Max Weinschenk. Der Kommerzienrat jüdischer Abstammung war liberaler Stadtrat und als Mäzen bei Künstlern sehr geschätzt. Der Gesellschaftsmaler Max Wissner etwa kam im Turmzimmer von Weinschenks Gründerzeitvilla unter.

Südlich ragt der Künstlerturm aus der beinahe schlossartigen Baumasse, ein beherrschender Mittelrisalit mit einer zwiebelartigen Haube gibt dem Haus seine Unverwechselbarkeit. Kaum ein Besucher geht unbeeindruckt am Eisentor zum Grundstückseingang vorbei. Der umgebende Garten passt in Größe und Anlage zu dem Haus. Weinschenk wollte seinen Wohlstand augenscheinlich nicht verbergen.

Im Inneren des Hauses beschreibt nicht nur die Treppenhalle mit einer hölzernen Freitreppe und »aus dem Rahmen fallenden« Fenstern diesen großbürgerlichen Lebensstil. Kunstvoll ausgeführte Kasettendecken gibt es ebenso wie höchst individuell gearbeitete Kachelöfen oder massive Holztüren. Besonderes Schmuckstück ist ein historisierendes »arabisches Zimmer« mit Wandbemalungen nach orientalischen Motiven.

Der Bankier Max Weinschenk war ein technisch sehr aufgeschlossener Mensch: Die Villa hatte einen Gasanschluss und elektrischen Strom sowie das erste Telefon der Stadt – mit der Nummer 1. Das Haus war wohl das modernste Haus der damaligen Stadt. Das weitere Schicksal der Villa mit ihrem gepflegten Gartenbereich war wechselhaft: Weinschenk verkaufte sie nach seiner Übersiedelung nach München an einen Fabrikanten. In finsteren Zeiten wurde das Haus zwangsarisiert und von der Wehrmacht, später von der amerikanischen Militärregierung genutzt. Dann war es Hotel und Gaststätte. 1980 schließlich erwarb der Bezirk Oberpfalz das Anwesen und ließ es sanieren. Die Räumlichkeiten können für Feierlichkeiten angemietet werden.

Adresse Hoppestraße 6, 93049 Regensburg-Stadtwesten | ÖPNV Bus 2, Haltestelle Justizgebäude | Tipp Entweder spazieren Sie jetzt im angrenzenden Dörnbergpark weiter, oder Sie suchen im Bereich der Hoppestraße weiter nach außergewöhnlichen Privathäusern. Sie werden sicherlich fündig. Die Wohngegend hier war und ist sehr gepflegt.

91__Die Steinfiguren

Mythologie, Spinnerei oder Protest?

In der Regel lässt es der unaufhaltsame Autoverkehr in der Frankenstraße nicht zu, auf eine Kuriosität zu achten, die der Einheimische zwar irgendwie registriert, die ihm aber trotzdem zumindest rätselhaft ist. Man verbindet die Besichtigung also am besten mit einem kurzen Spaziergang.

Die Umgebung ist allerdings nicht gerade reizvoll: Einzelhandelsbauten mit schnell wechselnder Zweckbestimmung, ein Sportstudio, eine ins Bild gepresste Bushaltestelle. Dann aber – in der Größe eines Fußballplatzes – der Max-Buchhauser-Garten, eine Mischung aus – ja, aus was eigentlich?

Ein verwildertes Feld wird an den nördlichen und südlichen Rändern gesäumt von etwa 20 bizarren Steinfiguren. Die bis zu drei Meter hohen Darstellungen streifen die Geschichte von mehreren Jahrtausenden. Ägyptische Pharaonen suchen den zeitlosen Kontakt zu den hier aufsteigenden Winzerer Höhen, altgriechische Männer mit Vollbart und Philosophenblick künden von frühen Einsichten, mittelalterliche Darstellungen sind ebenso vertreten wie eher zeitgenössische Bildhauerei. Liegende Löwen haben daneben einen Sinn oder eben auch nicht.

Man kann sich kaum sattsehen an diesen wie willkürlich aufgebauten Kuriositäten. Ungeklärt ist der Zweck der Anlage – wenn es denn überhaupt einen gibt. Max Buchhauser war Gärtner und Hobbybildhauer. Ein großer Teil seiner Flächen musste dem Bau der 1974 fertiggestellten Oberpfalzbrücke weichen. Die einen sagen, dass Buchhauser aus Ärger darüber die skurrilen Bauten auf den verbliebenen Acker setzte, die anderen sprechen von einem Traum, den er sich verwirklichte. Max Buchhauser hat jedenfalls eine Regensburger Skurrilität geschaffen. Sie ist übrigens auch von der Oberpfalzbrücke aus besonders gut zu sehen. Und noch eine Besonderheit: Die Pfeiler dieser Spannbetonbrücke sind vollkommen mit Graffiti verziert – und zwar mit Billigung und sogar Unterstützung der Stadt.

Adresse Frankenstraße/Höhe Würzburger Straße, 93059 Regensburg-Steinweg | ÖPNV Bus 12, Haltestelle Würzburger Straße | Tipp In nordöstlicher Richtung ist der Dreifaltigkeits- beziehungsweise Osterberg mit seiner thronenden Kirche nicht zu übersehen. 14 wundervoll gestaltete Marterl (Halbreliefs auf Goldgrund) illustrieren die Stationen der Passion Christi auf einem Kreuzweg dorthin.

92__Die Alte Mälze

Kulturzentrum zwischen Universität und Wohngebiet

Der erste Geburtstag im Jahr 1989 wurde noch als »Überlebensfest« gefeiert – mittlerweile ist die »Alte Mälze« aus dem Kulturleben der Stadt und Ostbayerns schlicht nicht mehr wegzudenken. Das schmucklose, kastenförmige Haus an einer belebten Kreuzung am Galgenberg war einst die Mälzerei der Thurn-und-Taxis'schen Brauerei. Heute vereint eine publikumsnahe Bühne unterschiedliche Generationen: von ehrenhaft ergrauten Altachtundsechzigern mit einem Glas Rotwein in der Hand bis hin zu aktuell Studierenden.

»Versammlungsräume« sind die Kneipe und der Bühnenraum mit Barhockern, wo Zeitgemäßes in Wort und Noten geboten wird – Rock, Ethno und Hip-Hop sind die angesagten Musikstile. Nach dem gattungsübergreifenden Konzept der Einrichtung bieten zusätzlich literarische Lesungen Gelegenheit zu anregenden Diskussionen – Clubnächte aller Art schaffen Nähe und behagliches Zusammensein. Besonders erfolgreich sind die Auftritte von Improvisationskünstlern. Dabei können sich Publikum und Auftretende gegenseitig die Bälle zuwerfen, spontanes Theater erleben und auch mitgestalten.

Etwa 300 Einzelveranstaltungen bis hin zu einem Kleinkunstfestival werden in dem Kulturzentrum in Universitätsnähe angeboten – und auch gern angenommen. Verwirklicht ist damit also die angestrebte Verbindung von Kneipe und Kultur in der Galgenbergstraße.

In dieser Gegend wurden dereinst übrigens die Verbrecher der Stadt vom Leben in den Tod befördert! Hier standen die Galgen. Jetzt gibt es in der Alten Mälze Veranstaltungs- und Proberäume, ebenso Ateliers und Seminarmöglichkeiten und nicht zuletzt Bewirtung. Auch die Stadt Regensburg unterstützte die Initiative. Begehrt in der regionalen Szene sind vor allem erste Auftrittsmöglichkeiten. Daneben dürfen es natürlich weitere Ansätze sein – Tanztheatertage etwa oder das Internationale Thurn und Taxis Kleinkunstfestival »United Comedy«.

Adresse Galgenbergstraße 20, 93053 Regensburg-Universitätsviertel | **ÖPNV** Bus 18, 19, 20, 21, 23, Haltestelle Galgenberg | **Tipp** Die Aussegnungshalle des nahe gelegenen Oberen Katholischen Friedhofs gilt als hervorragendes Baudenkmal der 1920er Jahre. Man findet auch viele Grabstellen von bekannten Regensburger Bürgerinnen und Bürgern.

93__Der Botanische Garten

Die Pflanzenflüsterer vom Campus

Hier an Blumen schnuppern, dort Vogelgezwitscher hören, dann wieder die knappen Sätze auf einem der zahllosen Hinweisschildchen lesen – dies alles ist im Botanischen Garten der Universität Regensburg möglich. Und wenn es nur ein gemütlicher Spaziergang sein soll – bitte schön. Der 4,5 Hektar große Unigarten am südlichen Stadtrand ist auch dafür eine ausgezeichnete Adresse. Das Gelände steigt sanft an und ist übersichtlich gegliedert.

Nach und nach ist seit 1977 am Universitätscampus eine großzügige Anlage entstanden, deren Herzstück eine systematische Abteilung der Bedecktsamer ist. Das klingt wissenschaftlich, heißt aber ganz einfach: Es werden die sich aufbauenden verwandtschaftlichen Beziehungen dieser Pflanzen untereinander gezeigt. Diese Weiterentwicklung wird auch für den interessierten Laien nachvollziehbar.

Die Anlage ergänzt auch dadurch auf sinnfällige Weise die nüchternen Bauten auf dem Campus. Hier die sichtbaren Ergebnisse – dort die tägliche Forschung. Durch reichlich einbezogene Bäume und Sträucher gliedert sich der Botanische Garten quasi von selbst. Auch Felsblöcke im Bereich der Steinbrechgewächse dienen der Einordnung. Durch das Einbeziehen von baum- und strauchartigen Pflanzenvertretern entstehen immer wieder kleinräumige Strukturen. Sogar Wasserpflanzen gibt es in verschieden großen Becken. Die Ränder dieser Wasserflächen sind häufig mit Holzschwellen besetzt. Auf diesen Sitzplätzen kann der Besucher ausruhen.

Im Norden mündet der hintere Teil des submediterranen Bereiches in einen Eichen-Birkenwald. Dann folgt eine Heidelandschaft bis hin zu einer Pflanzung mit unterschiedlichen Auwaldvorkommen. Ein übersichtlicher Schulgarten ergänzt – neben auch für Besucher offenen Gewächshäusern und weiteren Abteilungen – den Botanischen Garten. Für die experimentierfreudigen Besucher stehen ein Sinnespfad, Klangspiele oder auch Versuchsbeete zur Verfügung.

Adresse Universitätsstraße 31, 93053 Regensburg-Universitätsviertel | **ÖPNV** Bus 6, Haltestelle Otto-Hahn-Straße | **Öffnungszeiten** Mitte April–Mitte Okt. | **Tipp** Im Sommer wird regelmäßig die Woche der Botanischen Gärten abgehalten. Dabei werden zahlreiche Führungen und Veranstaltungen rund um den Botanischen Garten angeboten.

94_Das Gründerzentrum

Die Zukunft der Region

Ein eminent wichtiger Baustein für die Zukunft des Wirtschaftsstandortes Regensburg ist das Gründerzentrum an der Josef-Engert-Straße am südlichen Ende des Unigeländes. Hier stehen – fahnengeschmückt – drei quaderförmige Bürogebäude mit äußerst innovativem Innenleben. Die Bauten haben den zweifelhaften Charme von Arbeitssilos – die Atmosphäre ist allerdings optimistisch vorwärtsstrebend und damit in erster Linie auch englischsprachig.

Der Begriff ›Cluster‹ geht leicht von den Lippen. Er bedeutet sinngemäß, dass mehr oder weniger gleichartige Unternehmungen (auch räumlich) zusammenarbeiten.

Betrieben wird das zusammengesetzte Puzzle von der BioPark Regensburg GmbH. Auf einer Fläche von 18.000 Quadratmetern gibt es modernste Labore, Einzelbüros und großflächige Büro-Laborkombinationen – all dies eingebettet in flexible Mietgestaltungen. Gründergeist belebt die Szenerie – hier ist zunächst ein Anfang möglich für technische Innovationen.

Das Umfeld hilft dabei: Alles ist denkbar. Nicht nur Schlips oder offener Hemdkragen – auch der große Wurf. Entwickelt werden neue Therapien gegen Krebs oder Autoimmunerkrankungen sowie neue Impfstoffe und Diagnosemethoden. All dies unter dem Oberbegriff der Biotechnologie. Staatliche und städtische Förderung erleichtern die wissenschaftliche Arbeit. Anfang 2012 waren in der gesamten BioRegio Regensburg mehr 40 Firmen im Bereich Life Sciences mit über 3.000 Mitarbeitern tätig. Nach München ist damit die zweitgrößte Biotechnologieregion in Bayern entstanden.

Die positive Entwicklung soll am Unicampus natürlich weitergehen: Ein Netzwerk »Lebenswissenschaften« ist die Vision. Was ist das? Dieser Gedanke beschreibt einen entwicklungsfähigen Forschungs- und Wirtschaftszweig an strategisch günstiger Stelle: Die BioPark Regensburg GmbH liegt als Brückenkopf strategisch überaus günstig im Dreiländereck zu Österreich und Tschechien.

Adresse Josef-Engert-Straße 13, 93053 Regensburg-Universitätsviertel | **ÖPNV** Bus 6, Haltestelle Josef-Engert-Straße auf dem Unicampus | **Öffnungszeiten** nach Vereinbarung mit BioPark Regensburg, www.info@biopark-regensburg.de | **Tipp** Ein echter Preisknüller ist die Unipizzeria. Doch nicht nur das – die italienischen Gerichte sind sättigend und schmecken ausgezeichnet.

95__Die Kinderklinik KUNO

Ein wunderbares Beispiel für Bürgerengagement

Die Kinderklinik KUNO am Universitätshügel ist ein nüchterner Zweckbau. Immerhin setzt er sich mit der roten Außenfassade von den übrigen Teilen des Klinikums ab – die Würfelform ist aber der Funktionalität geschuldet. KUNO ist ein blauer Vogel mit einem roten Kreuz auf dem gelben Schnabel und mit einem kleinen Päckchen um den dünnen Hals. Er empfängt und ermutigt an der Eingangstür kleine Patienten, die in die Kinder-Universitätsklinik von Regensburg eingeliefert werden müssen.

KUNO ist das Synonym für ein bundesweit beachtetes Bürgerengagement. »Wir bauen unsere Universitäts-Kinderklinik selbst« – beinahe trotzig klang dieses Motto um die Wende zum 21. Jahrhundert. Der Grund: Die schwerer erkrankten Kinder aus dem ostbayerischen Raum mussten lange Zeit bis nach München, um versorgt zu werden.

Eine Einrichtung der höchsten Versorgungsstufe musste her – so also die Forderung! Da die bayerische Regierung die Finanzierung nicht stemmen konnte, lief eine der größten Spendenaktionen der bayerischen Geschichte an. Benefizveranstaltungen wurden organisiert, Firmenspenden eingeworben, viele Geldgeschenke aus privaten Feiern freiwillig für KUNO umgewidmet. Das sensationelle Volumen lag bis zum Spatenstich 2006 bei über neun Millionen Euro. Dieser Riesenanschub brachte dann auch den notwendigen Rest aus öffentlichen Kassen. Am 11. Januar 2010 hat die Kinder-Uniklinik ihren Betrieb aufgenommen. Damit ist neben dem allgemeinen Klinikum auf einer Anhöhe hinter der vorbeiführenden Autobahn 3 glücklich verwirklicht, was viele für unmöglich hielten. Die Bevölkerung Ostbayerns hat das ursprüngliche KUNO-Motto vollständig umgesetzt. Da KUNO auch Familien mit schwer erkrankten Kindern unterstützt, nimmt die Stiftung weiter Spenden entgegen. Ein im Internet aktualisiertes KUNO-Spendometer zeigt immer den neuesten Stand an.

Adresse Franz-Josef-Strauß-Allee 11, 93053 Regensburg-Universitätsviertel | **ÖPNV** Bus 6 und 19, Haltestelle Klinikum | **Öffnungszeiten** Mo–Fr 9–18 Uhr, Sa 9–13 Uhr | **Tipp** Gegenüber von KUNO liegt Oberisling. Auf dem Islinger Feld zelebrierte Papst Benedikt XVI. 2006 eine Messe. Daran erinnert noch ein 16 Meter hohes Papstkreuz.

96 Die Krankenstation für verletzte Vögel

Erste Hilfe am Regen

Die Holzhäuser fügen sich unauffällig in den Uferbereich des Regen ein. Die unmittelbare Nachbarschaft schließt mit ihren Wohnhäusern zum Zentrum des Marktes Regenstauf auf. Es ist entspannt hier in der Masurenstraße.

Auch die meist ehrenamtlichen Mitarbeiter der LBV-Vogelauffang- und Pflegestation wirken unaufgeregt. Vielmehr nehmen sie sich die nötige Aufmerksamkeit, um einen Neuankömmling zu versorgen: Ein winziger Sperling wurde soeben in einem kleinen Korb gebracht. Er war wohl aus seinem Nest gefallen – und einer zweifelhaften Zukunft ausgeliefert. Das Vögelchen findet in Regenstauf lediglich eine vorübergehende Heimat. Es wird untersucht und überlebensfähig gemacht. Oberstes Ziel der Vogelauffangstation ist es, dass angelandetes Getier wieder ausgewildert werden kann. Vögel sollen sich nicht zu sehr an Menschen gewöhnen.

Deswegen sind die zeitweiligen Bewohner der Krankenstation auch nur durch in Holzbretter getriebene Astlöcher zu sehen. Insgesamt fast 20 solcher Vogelvolieren stehen für die behutsame »Vogelschau« bereit. Am Einblick sind Erklärungen zu den einzelnen Exemplaren zu finden. Der Betrachter ist den Tieren nah und trotzdem ausreichend entfernt, um sie nicht zu stören.

Die Umweltstation Regenstauf wirkt aber auch noch über das Tiererlebnis hinaus anregend: Ausstellungen mit naturnahen Themen werden sachkundig erarbeitet. Es gibt dabei Informationen etwa über das Leben im Wald oder den Vogel des Jahres. Schulklassen und andere Gruppen können unter Anleitung der Mitarbeiter der Umweltstation das Leben in der Wiese erkunden. Die Umweltstation des LBV (wobei LBV für Landesbund für Vogelschutz steht) wurde im Juli 2008 eröffnet. Das Schulungs- und Bürogebäude folgte ein Jahr später.

Adresse Masurenweg 19, 93128 Regenstauf | Pkw A 93, Richtung Weiden, Ausfahrt Regenstauf, Richtung Kallmünz, Richtung Diesenbacher Straße, abbiegen auf Schwandorfer Straße, rechts abbiegen Wassergasse, in die Masurenstraße, Parkplätze sind vor der Station vorhanden | Öffnungszeiten Mo–Fr 9–16 Uhr; April–Sept. So 14–18 Uhr sowie nach Vereinbarung | Tipp Am Schlossberg von Regenstauf bietet der Aussichtsturm ein ideales Blickfeld. Im Café-Restaurant können Sie anschließend genussvoll speisen. Im Sommer lädt auch ein Biergarten ein.

97 Der Gänshängerbrunnen

Nur selbst essen macht satt

Spott zu ertragen sind die Bewohner von Schierling schon seit jeher gewohnt – spätestens jedoch seit der Zeit des Dreißigjährigen Krieges. Schuld daran, dass sie in der Region als »Gänshänger« geschmäht werden, ist eine Geschichte, die sich damals ereignet hat – oder ereignet haben könnte. Auch der Raum Schierling hatte unter den Plünderungen der marodierenden Schweden zu leiden. Dies betraf auch den damaligen Schlossherrn. Dieser wollte allerdings besonders gewitzt sein.

Was also tun, um sein wertvolles Federvieh zu retten? Der Mann schlachtete seine letzten Gänse und ließ sie an der Hinterseite des Schlosses aufhängen. Dort wähnte er seinen Essensvorrat sicher. Schließlich wusste er auch, dass nur selbst essen satt macht. Die Schweden allerdings – viel erfahren im Aufstöbern von versteckten Schätzen mancherlei Art – entdeckten schließlich die Gänse und schlugen sich die Bäuche voll. Auch sie hatten Hunger. Zwar hatte vorerst nur der Schlossherr das Nachsehen. In den darauffolgenden Spott wurden allerdings die unschuldigen Ortsbewohner mit einbezogen. Wo sie auch hinkamen – die Schierlinger wurden als tumbe »Gennßhenkher« (Gänshänger) verspottet. Es kam sogar zu vereinzelten Beleidigungen und gerichtlichen Auseinandersetzungen.

In den 1980er Jahren nahmen die Schierlinger den Spott selbstironisch auf und kanalisierten ihn quasi mit einem Brunnen gegenüber vom Rathaus.

Die lebensgroße Bronzefigur des Künstlers Klaus Vrieslander zeigt einen schwedischen Soldaten, der mit Gänsen hantiert. Eine hält er in der Hand, eine andere hat er schon über den Rücken geworfen, eine liegt zwischen seinen Füßen. Der Brunnen hat es mittlerweile zu regionaler Bekanntheit gebracht. Dies wird außerdem alle vier Jahre unterstützt durch ein »Gennßhenkher-Fest«. Auf der Viehmarktwiese zwischen Schloss und Rathaus lebt dabei die Zeit des Dreißigjährigen Krieges wieder auf.

Adresse Rathausplatz 1, 84069 Schierling | ÖPNV Hbf Regensburg mit dem Zug nach Eggmühl, dann mit dem Bus 6264 Richtung Schierling, Haltestelle Rathaus | Pkw A 93 Richtung München, Ausfahrt Hausen, Richtung Schierling, zur Ortsmitte gegenüber Rathaus | Tipp In Schierling steht auch das älteste Schulhaus Deutschlands aus dem Jahr 1608. Es ist nur wenige Gehminuten vom Gänshängerbrunnen entfernt. Das Gebäude wurde aufwendig renoviert.

98 Das Löwendenkmal

Ein antikriegerisches Lehrbeispiel

Der mächtige Bronzelöwe sitzt auf einem drei Meter hohen Sockel aus Muschelkalk und blickt traurig aufs Schlachtfeld – zwei riesige Lindenbäume umrahmen die Szenerie.

Der Anblick des symbolischen Grabhügels beim Eggmühler Bahnhof berührt durch die stille Ernsthaftigkeit der Anlage, durch ihre Weitläufigkeit und auch durch die außergewöhnlich informativen Texttafeln. Am 22. April 1809 kam es zur »Schlacht bei Eggmühl«, bei der Tausende von Kämpfenden ihr Leben verloren haben. Hier Napoleon I. – und mit ihm die Bayern –, dort die Österreicher unter Erzherzog Karl. Der Franzosenkaiser triumphierte wieder einmal. Der Preis war ein mit Menschenleibern bedecktes Schlachtfeld.

Zum 100. Jahrestag der grausamen Schlacht verwirklichten Mitglieder des damaligen örtlichen Denkmalvereins ein würdiges Mahnmal. Es konnte am 22. August 1909 feierlich enthüllt werden: »... der bayerische Löwe in Bronze gegossen, der in Trauer um die Gefallenen das Schlachtfeld überblickt.« So heißt es in den Annalen.

Die Figur selbst ist 3,5 Meter hoch und wurde von einem Münchner Kupferschmied aus 0,8 Millimeter starkem Kupferblech getrieben. Der lang gezogene Platz vor dem auf dem Hügel erhobenen Löwen ist als ausgezirkelte Ahornallee angelegt. Entlang dieser landschaftlich geglückten Anordnung sind 14 großformatige Texttafeln aufgestellt. Aufgeschlagenen Büchern gleich erzählen sie die Hintergründe des damaligen Geschehens. Verfasst sind die Texte von dem anerkannten Militärhistoriker Marcus Junkelmann.

Wie kam es zur Schlacht von Eggmühl, was waren die strategischen Zusammenhänge, welche Weiterungen haben sich ergeben? Die Texte geben verständliche Antworten – sowohl für Schülergruppen als auch für andere interessierte Besucher. Der Wahnsinn der Schlacht ist zwar trotzdem nicht zu verstehen – die Zeitläufe lassen sich aber zumindest einordnen.

Adresse Am Löwendenkmal 15, 84069 Schierling-Eggmühl | **ÖPNV** Hbf Regensburg, Regionalbahn zum Bahnhof Eggmühl, Denkmal neben Bahnhof | **Pkw** A 93, Ausfahrt Hausen, Richtung Schierling-Eggmühl, direkt gegenüber Bahnhof | **Tipp** Die Wallfahrtskirche Maria Schnee im nahen Aufhausen ist ein Kunstdenkmal erster Güte. Sie wurde von dem bekannten Barockbaumeister Johann Michael Fischer im 18. Jahrhundert erbaut.

99__Die Kebbel-Villa

Kultur international im Oberpfälzer Hinterland

Fronberg ist ein Fortsatz von Schwandorf, und schon die Kreisstadt ist ja etwas abseits der hippen Zentren. Und ausgerechnet hier soll also ein Künstlerhaus mit internationalem Anspruch sein? Aber der Reihe nach.

Da drohte eine herrliche Gründerzeitvilla aus dem 19. Jahrhundert nach und nach zu verfallen. Die denkmalpflegerische Not war groß – das Geld knapp. Trotzdem bewerteten die Schwandorfer Stadtväter die Substanz der Kebbel-Villa als herausragend, kauften und renovierten das Gebäude und verwirklichten in den 1980er Jahren das »Oberpfälzer Künstlerhaus«. Die lichtvollen Räume der Kebbel-Villa beherbergen seither nicht nur viel diskutierte Ausstellungen von Künstlern aus dem ostbayerischen Raum. Auch kleinere Konzerte, Dichterlesungen oder szenische Darstellungen sind immer wieder im Programm. Betreut wird auch die »Sammlung Bezirk Oberpfalz«. Sie umfasst die Bereiche Malerei, Plastik und Grafik ab den 1960er Jahren und ist immer wieder Teil des Ausstellungsprogramms.

Doch das Leben rund um die Kebbel-Villa hat noch zusätzliche Facetten: Im Keller des Hauses ist eine komplette Werkstatt für die Drucktechnik (Flachdruck) und für Radierung (Tiefdruck) eingerichtet. Und wer nicht in der wunderschönen Gartenanlage der Kebbel-Villa hängen bleibt, der trifft auf eine nicht vermutete Besonderheit.

Die zum Ensemble hinzugesetzten, sich aber einfügenden Bauten werden zwar schlicht »Oberpfälzer Künstlerhaus II« genannt, sind aber eine kleine Künstlerkolonie. Zwölf Partnerhäuser aus der ganzen Welt senden jährlich bis zu 25 Künstler ins Oberpfälzer Künstlerhaus. Da es sich um ein Austauschprojekt handelt, können ebenso viele bayerische Künstler Gaststipendien wahrnehmen. Gegen Ende ihres mehrwöchigen Aufenthaltes geben die Gäste dann an »Tagen des offenen Ateliers« mit Ausstellungen, Lesungen und Konzerten Einblick in ihr Schaffen.

Adresse Fronberger Straße 31, 92421 Schwandorf-Fronberg, www.oberpfaelzer-kuenstlerhaus.de | Pkw A 93, Ausfahrt Schwandorf-Nord, man fährt genau auf Fronberg zu, Künstlerhaus am Ortseingang | Öffnungszeiten Mi, Do 12–18 Uhr, So 11–16 Uhr | Tipp Sehen Sie sich auch noch das Schloss Fronberg aus dem 14. Jahrhundert an. Der Granit-Obelisk im Schlosspark ist besonders interessant.

100_Die historischen Felsenkeller

Begehbares Denkmal im Untergrund

Das Abenteuer »Felsenkeller Schwandorf« ist nur mit einem Führer möglich. Dies ist aber auch unbedingt notwendig, denn sonst ginge die Orientierung in den insgesamt sieben Kellersystemen mit etwa 60 erschlossenen Räumen leicht verloren. Überdies sind die sachkundigen Erklärungen notwendig, um die außergewöhnliche Anlage unter der Schwandorfer Oberfläche zu verstehen.

Die Grundinformationen dazu stammen von Hans-Werner Robold, dem »Felsenkellerbeauftragten« der Stadt. Seit 1999 hat er das unterirdische Leben rund um die Weinbergstraße erforscht, erschlossen und ein Nutzungskonzept verwirklicht. Der touristische Aspekt spielt dabei natürlich eine herausgehobene Rolle. Entstanden ist das nebeneinander- und untereinanderliegende Labyrinth an der Wende vom 15. zum 16. Jahrhundert. Damals wurde das Verfahren der Biererzeugung von der warmen auf die untere, die kalte Gärung umgestellt. Dazu durften neun Grad nicht überschritten werden – und das war nur in Felsenkellern möglich, die in den Weinberg getrieben wurden. Das Bier konnte damit länger gelagert werden.

Im Mittelalter wurde der Sud von den brauberechtigten Bürgern in den beiden kommunalen Brauhäusern an der Naab zubereitet. Danach ging es zur Gärung und Lagerung in die höher gelegenen Felsenkeller. Später durfte das Bier in einer festgelegten Folge ausgeschenkt werden. Auf das derart frische Getränk wurde an der Wirtsstube mit einem Zoigl (eine Art von Stern) oder einem Buschen aufmerksam gemacht. Nach einer lang andauernden Blütezeit kam das Kommunbrauwesen zum Erliegen, weil der Konkurrenzdruck durch die Mitte des 19. Jahrhunderts gegründeten Privatbrauereien zu stark wurde. Die Inflation nach dem Ersten Weltkrieg kam dazu. Heute gibt es im Schwandorfer Felsenkeller nicht nur Führungen – sondern auch eindrucksvolle Konzerte.

Adresse Spitalgarten 1, 92421 Schwandorf-Stadtmitte | Pkw A 93, Ausfahrt Schwandorf-Mitte, Auto zum Parkhaus Schwandorf-Kirchengasse | Öffnungszeiten durchgehend; die Felsenkeller liegen an der Fronberger Straße, an der Waldgasse, an der Spitzwegstraße, an der Weinbergstraße und an der Schießstättengasse | Tipp Wenn Sie auf der A 93 in Richtung Weiden weiterfahren, erreichen Sie an der Ausfahrt Nabburg das Oberpfälzer Freilandmuseum Neusath-Perschen. Hier können Sie die bäuerlichen Haustypen der Region besichtigen.

101 Die Heimathymne

Gott mit dir, du Land der Bayern

Die »richtigen« bayerischen Feste werden immer noch durch das gemeinsame Absingen der Bayernhymne umrahmt. Dafür stellt man sogar kurz den Maßkrug zur Seite und legt die rechte Hand auf die linke Brust – dorthin, wo das patriotische Herz sitzt. Täglich ist auf dem Unteren Marktplatz von Schwandorf um 10 Uhr und um 17 Uhr ein Glockenspiel mit der Bayernhymne zu hören. Erinnert werden soll damit an den Schöpfer der Melodie, Konrad Max Kunz.

Der in Schwandorf geborene Kunz war später Chordirektor am Königlichen Hof- und Nationaltheater in München – sein Grab samt Büste ist auf dem Stadtfriedhof von Schwandorf. Kunz wurde 1812 als Sohn des Schwandorfer Stadttürmers geboren. Schon früh soll er mit seinem Vater in Wirtshäusern und auf Festen gespielt haben. Auch das Gebäude, in dem der spätere Komponist aufgewachsen ist, zeigt sich immer noch außergewöhnlich: Die Familie bewohnte den Blasturm, einen Wachturm der ehemaligen Wehranlage der Stadt am Weinberg. Dieser wiederhergerichtete Turm ist zu Recht fester Bestandteil von Stadtführungen in Schwandorf. Die Aufgänge und Zimmer sind beengt und düster, die spartanische Einrichtung berichtet von kargen Zeiten. Heute informieren übersichtliche Text- und Bildtafeln über den kleinen Buben, der hier einst heranwuchs.

Auch das Türmerwesen allgemein wird beschrieben – das rechtzeitige Blasen des Feuerhorns war überlebenswichtig für die Stadt. Die Häuser lagen eng beieinander, nur wenige Bürger konnten sich für den Bau die teuren Ziegel leisten. Die Strohdächer brannten wie Zunder. Da musste die akustische Alarmierung durch den Türmer mit seinem Feuerhorn schon verlässlich funktionieren.

Die damalige Schwandorfer Idylle hielt an Ort und Stelle der bekannte Maler Carl Spitzweg fest. Auf einer Durchreise verewigte er 1858 den Blasturm von Schwandorf. Er bezeichnete das Bild als »Schwandorfer Stadtturm im Mondschein«.

Adresse Blasturmgasse 1, 92421 Schwandorf-Stadtmitte | Pkw A 93, Ausfahrt Schwandorf-Mitte, Auto zum Parkhaus Schwandorf-Kirchengasse | Öffnungszeiten nur mit Führung; Infos unter tourismus@schwandorf.de | Tipp Eine sehr anschauliche Volkstumabteilung bietet das örtliche Stadtmuseum. Die Exponate stammen hauptsächlich aus der Mittleren Oberpfalz.

102 Der Golfclub Minoritenhof

Von der driving range zum hole in one

Vor den Erfolg haben die Golfgötter das Üben gesetzt: Zunächst muss es also die driving range sein, von der aus die Trainingsschläge ausgeführt werden. Immer und immer wieder – der Lohn ist irgendwann die »Platzreife«. Am Minoritenhof in Sinzing haben nicht nur Clubmitglieder, sondern auch Gäste eine moderne, naturnahe Übungsmöglichkeit. Wo einst die Felder des Regensburger Minoritenklosters waren, gibt es seit 1988 40 Abschlagplätze auf Kunst- und natürlichem Rasen sowie eine überdachte Abschlaghütte mit mehreren Abschlagboxen. Der Überblick über die Zielgrüns in der Hügellandschaft ist von hier aus besonders weitreichend.

Das einstige Bauerngelände ist behutsam gegliedert und lockt das Auge immer wieder zu neuen Entdeckungen. Man trifft sich am Tee und findet – wenn gewünscht – einen Partner. In Deutschland spielen mehr als 500.000 Menschen Golf. Der elitäre Charakter ist damit etwas aufgeweicht. Auch am Minoritenhof gibt es attraktive Einsteigerangebote. Die Mitgliederzahl konnte auf mittlerweile rund 1.000 gesteigert werden. Zum Ursprung des Golfsports sagt zwar eine Legende, dass schottische Schäfer aus Langeweile mit einem Hirtenstab kleine runde Steine in Mauslöcher schlugen. Jedoch gibt es Vorläufer des Spiels bereits in der Antike.

Die Anlage Minoritenhof gliedert sich in eine 18-Loch- und eine öffentliche 9-Loch-Anlage. Von den ersten neun Löchern aus bieten die Juraausläufer einen wirklich prächtigen Blick auf das Donautal, auf den zweiten neun Löchern wartet eine Parklandschaft mit alten Bäumen. Die Spielbahnen verlaufen entlang der Donau – dies ist sicherlich eine einmalige Situation. Diese darf allerdings auf der 18-Loch-Anlage als Spieler nur derjenige genießen, der mindestens das Handicap 54 nachgewiesen hat: Das heißt, er muss Platzreife haben, die aber in einem komprimierten Kurs erworben werden kann.

Adresse Minoritenhof 1, 93161 Sinzing | **Pkw** Autobahn A3, Ausfahrt Sinzing, ab hier Schildern folgen | **Öffnungszeiten** die Golfanlagen sind ganzjährig geöffnet; nähere Infos unter www.golfsinzing.de | **Tipp** Im nahe gelegenen Eilsbrunn wirbt die Gaststätte Röhrl damit, das älteste Wirtshaus der Welt zu sein. Immerhin – seit weit über 300 Jahren wird das wunderschöne Wirtshaus von der Familie betrieben.

103 Das Walderlebniszentrum

Lernen und toben im Ökosystem

Das Walderlebniszentrum liegt inmitten des Prüfeninger Holzes in der Nähe von Sinzing – 2008 wurde diese Bildungseinrichtung des Bayerischen Forstministeriums eröffnet. Kerngebiet ist ein 60 Hektar umfassender Staatswald. Drum herum wird auch der noch größere Privatwaldanteil naturnah bewirtschaftet. Im Mischwald vor Ort gibt es mehr als 15 Baumarten – von Buche und Eiche bis zu Vogelkirsche oder Ahornarten. Vom Parkplatz zum Ziel können am Wegesrand diese Naturbeobachtungen schon besprochen werden. Das Zentralgebäude des Walderlebniszentrums ist ein in Holz ausgeführter Rundbau. Äußerlich entspricht er einer überdimensionierten Baumscheibe.

In den Besucherräumen gibt es dann allerhand Lehrreiches: Die nachhaltige Waldwirtschaft wird dargestellt, die Waldklimaforschung erklärt oder die Vernetzung der einzelnen Bestandteile des Ökosystems Wald aufgezeigt. In »greifbarer« Nähe des Walderlebniszentrums gibt es eine Erlebnismöglichkeit der ganz anderen Art: »Herzlich Willkommen! Kletterwald Regensburg« – so ist auf einem Holzbrett zu lesen. Hier wird es sportlich-anspruchsvoll aber auch spielerisch-vergnüglich. Zwischen dicken Stämmen ist eine »Slackline« gespannt. Koordination und Balance wie auch das eigene Körpergefühl können getestet werden. Auch der Gang über die »Wackelbrücke« ist nicht so einfach wie zunächst vermutet. Die noch mutigeren Besucher – auffallend viele Familien mit Kinder sind zu sehen – wagen sich dann ins eigentliche Kletterzentrum.

Unzählige Meter Seil sind zwischen den Bäumen gespannt. Hochkonzentriert hangeln sich die Freizeitsportler von Sicherungspunkt zu Sicherungspunkt. Das hat hier aber eigentlich nichts mit Tarzan zu tun – wenn sich auch manch einer kurzzeitig so fühlen mag. Vorher gibt es ausführliche Erklärungen von jungen Helfern, erst dann werden die (bereitliegenden) Schutzhelme aufgesetzt, und es geht auf den Parcours.

Adresse Riegling, 93161 Sinzing, www.walderlebniszentrum-regensburg.de | **ÖPNV** Linie 27, Bedarfshaltestelle »Walderlebniszentrum«, danach 15 Minuten Fußweg | **Pkw** A 3, Ausfahrt Sinzing, Richtung Eilsbrunn, nach circa 1 Kilometer Parkplatz, dann 400 Meter Forstweg | **Tipp** Im nahen Mariaort können Sie am Zusammenfluss von Naab und Regen einen reizvollen Spazierweg starten. Die 15 Kilometer lange Route führt über Eilsbrunn / Alling / Sinzing wieder zurück nach Mariaort. Hier ist der Gasthof »Kriegerwirt« eine traditionsreiche Ausflugsgaststätte.

104 Die ruhige Seenlandschaft

Erholungsgebiet in Wartestellung

»Das dauert noch mindestens eine Generation, bis das Gebiet bekannter ist.« Ein älterer Mann im Bootshafen wartet vergeblich auf Kundschaft. Vielleicht ist er auch deswegen so skeptisch. Dabei wären die touristischen Ansätze rund um den 200 Hektar großen Steinberger See vorhanden.

Segelboote sind unterwegs, familientaugliche Tretboote können zu günstigen Tarifen ausgeliehen werden. Doch – aus dem Regensburger Großraum kommt kaum jemand. Man nimmt das eigentlich nahe liegende Gebiet nicht wahr.

Bei Sporttauchern ist dagegen der anerkannt saubere See wegen seiner gut sichtbaren Unterwasserlandschaft beliebt – hier ist mit vier Tauchpunkten eines der gesuchtesten einschlägigen Gebiete in Bayern. Natürlich kann aber auch ganz einfach gebadet oder entspannt werden – die Liegewiesen sind alles andere als beengt. Abwechslung bietet der Familienfreizeitpark, auch ein Ponyhof ist platziert. Für die ruhigeren Semester führt ein Wanderweg um den gesamten See.

Kurzum: Das Gebiet rund um den Steinberger See ist ein abwechslungsreiches und interessantes Erholungsgebiet. Die Geschichte der Seen in diesem Teil der Mittleren Oberpfalz ist ungewöhnlich: Mitte der 1980er Jahre stellte die Bayerische Braunkohlenindustrie den Betrieb ein. Die Vorkommen waren erschöpft. Geblieben waren lediglich die Braunkohlegruben. Sie wurden dann jahrelang geflutet, zugleich gelangen Rekultivierungsmaßnahmen.

Heute umfasst das Oberpfälzer Seenland nicht nur den Steinberger See, sondern drum herum noch andere. Überall gibt es Ansätze von Erholungs- und Erlebnistourismus. So könnte also aus dem viel beklagten Niedergang der Oberpfälzer Braunkohleindustrie ein neuer Erwerbszweig entstehen. Und dabei muss es beileibe nicht boomen – es reicht auch, wenn es nachhaltig brummt. Bisher weht allerdings nur ein laues Lüftchen.

Adresse 92449 Steinberg am See | Pkw A 93, Regensburg–Weiden, Ausfahrt Schwandorf-Süd, danach Richtung Steinberg am See bis zur Einmündung in die Staatsstraße 2145, anschließend in Richtung Nittenau bis zum Großparkplatz am Südufer des Steinberger Sees | Tipp Runden Sie Ihren Ferientag mit einem Besuch im Heimat- und Braunkohlemuseum Steinberg am See ab. Im historischen Pfarrhof erfahren Sie hier alles über die Geschichte der Braunkohle in der Region.

105 Der einzige Tiergarten Ostbayerns

»Kunst« zwischen den Gehegen

Den Stadtpark vor den Toren der Gäuboden-Metropole nannten die Zeitgenossen »Prinzregent-Luitpold-Hain«, als in den 1930er Jahren der Tiergarten entstand. Hier war und ist eine ursprüngliche Gartenlandschaft – mit all den heimischen Bäumen und leichten Geländeunebenheiten, die an sich schon einen abwechslungsreichen Besuch garantieren.

Grundstock bei der Gründung war eine private Sammlung von heimischem Getier. Bereits im September 1938, so heißt es aus dem Tiergarten, waren drei Affen zu sehen. Bis zum heutigen Bestand war es aber noch ein weiter Weg. Etwa 1.700 Tiere aus 200 Arten werden gepflegt. Neben den Tieren aus fernen Ländern wie Löwen oder Krokodilen wird auch auf heimische Wildtiere Wert gelegt: Braunbären, Wisente, Luchse – alle gehören zu Niederbayern und damit zum Tiergarten Straubing. Besonders geachtet wird auf zoopädagogische Arbeit: Anders als beim reinen Schulunterricht ist es im Zoo möglich, lebendige Tiere mit den eigenen Empfindungen in Einklang zu bringen.

Bei den ganz Kleinen ist der 2010 fertiggestellte Streichelzoo die begehrte Anlaufstation. Zwergziegen und Kamerunschafe lassen sich willig und geduldig anfassen. Die Eltern nehmen auf einer Sitztreppe aus Steinquadern Platz. Oder sie interessieren sich für das Thema »Kunst im Zoo«. Dieses Angebot ist originell: So begrüßt am Eingang bereits eine übergroße Eule den Besucher. Die etwa 3.000 Kilogramm schwere Holzplastik ist aus einem einzigen Stück Eiche geschnitten. Gegenüber der Raubkatzenanlage wurden für die Skulptur »Mensch« 5.000 quadratische Steinplatten verarbeitet, und »Robbe« besteht aus über 200 Millionen Jahre altem Muschelkalk. Insgesamt sind im 18 Hektar großen Zoogelände über zehn solcher Tierplastiken aufgebaut. Machen Sie sich einfach auf die Suche!

Adresse Am Tiergarten 3, 94315 Straubing | Pkw von der A 3 kommend, Ausfahrt Kirchroth / Straubing, Richtung Straubing, die Wegführung in Straubing ist ausgeschildert, von der B 8 kommend, führt die Ausfahrt Tiergarten direkt zum Parkplatz | Öffnungszeiten März – Okt. 8.30 – 18 Uhr; Nov. – Feb. 9 – 16 Uhr | Tipp Der Bogenberg bei Straubing öffnet einen einmaligen Blick auf die niederbayerische Donaulandschaft. Sie sollten sich das keinesfalls entgehen lassen.

106 Der geheimnisvolle Friedhof St. Peter

Ein Kulturdenkmal mit morbidem Charakter

Das ummauerte Friedhofsgärtlein St. Peter ist eine der eindrucksvollsten Friedhofsanlagen Deutschlands – so schreiben Kunsthistoriker. Wer durch das schwere Eingangstor in der Nähe des Elisabeth-Klinikums tritt, wird dies ohne Zögern bestätigen. Um die zentrale dreischiffige Basilika St. Peter aus der Romanik ist eine schier unübersehbare Zahl von Grabdenkmälern aus der Zeit des 14. bis zur Mitte des 20. Jahrhunderts erhalten. Neuere Bestattungen gibt es schon seit vielen Jahren nicht mehr.

Zwischen den Gräbern ist das Gras ungemäht, auch ansonsten wirkt hier alles »in Ruhe gelassen«. Die würdevolle Atmosphäre überträgt sich unmittelbar auf den Besucher, die Schritte werden kleiner, und die Augen nehmen jede Einzelheit auf. Schmiede- und gusseiserne Kreuze wechseln sich ab, individuell gestaltete Grabsteine, manche davon sensibel restauriert, säumen den Weg. Die allermeisten der uralten Steine hat die Natur einfach überwuchert. Ein beinahe morbider Charakter bestimmt die Welt hinter dieser Friedhofsmauer. Die Kirche St. Peter zeigt zwei eindrucksvolle Tympanons, im Inneren ist ein romanischer Christus und eine etwas jüngere Pieta.

Weiterhin interessant sind drei Kapellen: »Unserer Lieben Frau« stammt aus dem 15. Jahrhundert, eine weitere beherbergt einen außergewöhnlichen Totentanz aus dem Jahr 1763 sowie dann noch die Agnes-Bernauer-Kapelle. Die Augsburger Baderstochter Agnes Bernauer war die Lebensliebe des bayerischen Herzogs Albrecht III. Sie war aber nicht standesgemäß, ein Vater-Sohn-Konflikt eskalierte und: Herzogsvater Ernst ließ die junge Frau 1435 in der Straubinger Donau ertränken. Wo Agnes wirklich bestattet ist, ist unklar. In den Boden der eindrucksvollen Kapelle wurde aber vom vielleicht reuigen Schwiegervater ein Grabstein aus rotem Marmor eingelassen. Darauf ist »die Bernauerin« nahezu in Lebensgröße liegend dargestellt.

Adresse Friedhofstraße 32, 94315 Straubing | Pkw A3, Ausfahrt Straubing Innenstadt, Beschilderung Elisabeth-Klinikum folgen | Öffnungszeiten tagsüber geöffnet, Führungen über Tourist Information Straubing im Rathaus | Tipp Vom kostenlosen Großparkplatz »Am Hagen« kommen Sie in wenigen Minuten zu Fuß zum Burgschloss. Alle vier Jahre ist der Schlosshof Schauplatz für die Agnes-Bernauer-Festspiele. Sie bringen die tragische Geschichte der Herzogsfrau auf die Bühne.

107_Die lehrreiche Schlucht

Ein »wanderbares« Fenster zur Erdgeschichte

Am Eingangsbereich des 2009 eröffneten geologischen Lehrpfades an der Tegernheimer Schlucht sind übersichtliche Texttafeln aufgebaut, um in das Außergewöhnliche dieses Raumes einzuführen. Das ist gut so, denn wer hat im früheren Schulunterricht schon so richtig begeistert bei diesem Thema zugehört?

Voller Vertrauen in die Sachkunde der Initiatoren nimmt man also willig zur Kenntnis, dass im Raum Tegernheim das Kapitel Erdgeschichte wie in einer Zeitmaschine erlebbar ist. Dies liegt daran, dass hier drei geologische Großeinheiten aus unterschiedlichen Epochen aneinanderstoßen – und dass dies deutlich sichtbar wird.

Rund um den knapp drei Kilometer langen Lehrpfad ist das Grundgebirge wegen tektonischer Bewegungen um 500 Meter emporgehoben worden. Genau deswegen wurden auch die Sedimentgesteine hochgestemmt und liegen an der Oberfläche nebeneinander. Hier treffen in einer für Bayern einzigartigen Situation kristallines Grundgebirge, Schichtstufenland und Molassebecken zusammen. Der gut ausgeschilderte und mit gutem Schuhwerk auch relativ leicht abzuwandernde Rundweg ist in sieben Stationen eingeteilt. Verwiesen wird dabei etwa auf Tone und Sandsteine, bei Station drei wird neben Kalken und Fossilien auch auf Altstraßen der Umgebung eingegangen.

Neben den Eisenerzen steht bei Station vier der Buchenmischwald im Mittelpunkt. Und so geht es weiter bis zur Endstation sieben. Hier genießt man einen weiten Ausblick über Tegernheim und das Donautal.

Den sollte sich der Naturfreund wirklich nicht entgehen lassen. Und noch ein Hinweis: Das gesamte Gelände ist Naturschutzgebiet – die Tafeln bitten um entsprechendes Benehmen. 400 Farn- und Blütenpflanzen, davon über 30 aus der »Roten Liste«, sind nachgewiesen. Und am Wegesrand sieht man manchmal auch eine Eidechse, die im Gelände daheim ist. Für junge Forscher bietet der Geopfad auch noch ein Insektenhotel oder einen »Holzweg für kluge Köpfe«.

Adresse Kellerstraße, 93105 Tegernheim, www.tegernheim.de | **Pkw** Regensburg in Richtung Donaustauf, am Ortseingang Tegernheim wird zum Geopfad geleitet | **Öffnungszeiten** kostenlose zwei- bis dreistündige Führungen jeden 2. So im Monat um 14.30 Uhr, Treffpunkt: Kellerstraße am Eingang zum Geotop | **Tipp** Im nahen Donaustauf wurde in Privatinitiative ein chinesischer Turm wiederaufgebaut. Ursprünglich war er 1842 zur Zeit des Walhallabaus errichtet worden, drohte aber zu verfallen.

108_Durch das Regental in den Klostergarten

Eine naturnahe Erlebnisreise

Das Flusstal entlang des Regentalradweges wird begleitet von sattgrünen Wiesen, sanft schwingenden Hügelketten bis hin zu aufragenden Bergrücken. Der Weg ist ausgezeichnet ausgeschildert. Wer keine strammen »Radlerwadln« hat, darf sich auch einzelne Orte als Ziel heraussuchen: Er wird »verzaubert« sein.

Ramspau etwa zeigt ein herrliches Schloss, Heilinghausen am linken Regenufer hat den Namen von einer alten Wallfahrt, auch in Hirschling sind Schlossgiebel zu sehen. Eine Einkehr sollte unbedingt sein in der urigen Wirtschaft von Mariental. Gegenüber von Mariental ist die Burgruine Stockenfeld ein eigenes Ziel. Derart gestärkt wird die Grenze zum Landkreis Cham überschritten und die Überraschung noch einmal gesteigert. Die beiden Orte Walderbach und Reichenbach verdanken ihre Existenz jeweils Klostergründungen des 12. Jahrhunderts und zeigen zwei kunsthistorisch bemerkenswerte Kirchen. Prächtig renoviert bieten sie Anschauungsunterricht zu verschiedenen Stilepochen. An dieser Stelle darf die Aufmerksamkeit allerdings auch einem Geheimtipp gelten: dem Klostergarten von Walderbach. Die umfriedete, leicht abschüssig im Bereich des ehemaligen Konventgartens liegende Anlage war ursprünglich Obst- und Gemüsegarten.

Und genau nach diesem Vorbild wurde sie wieder bepflanzt. Der Kreislehrgarten des Landkreises Cham hat damit die vorhandenen Strukturen bewahrt und die Eingriffe so gering wie möglich gehalten. So entstand ein Garten, wie man ihn in dieser Güte kaum noch sieht. Es ist ein Duft- und Steingarten, Wildobstgehölze wechseln sich mit Stauden für den Bauerngarten ab, Rosenhänge ziehen die Aufmerksamkeit auf sich. Ein Teich mit einem Bachlauf gehört auch dazu, Heilpflanzen säumen den Rundweg. Besonders lehrreich sind dabei im gesamten Gelände auch die dezent gehaltenen Texterläuterungen.

Adresse Am Prälatengarten 3, 93194 Walderbach | ÖPNV über Regenstauf RVV-Linien 41, 42, 43, Haltestelle Walderbach | Tipp Erkunden Sie die verschiedenen Orte mit dem Rad. Sie finden überall gepflegte Oberpfälzer Gastlichkeit.

109 Der Hesperidengarten

Ein Fest für die Sinne

Das in der Landschaft verstecke Gelände des Hesperidengartens ist insgesamt drei Hektar groß und wirkt, ja, beinahe paradiesisch. Seit Ende der 1990er Jahre hat der Gärtner Johannes Adler seinen Traum von einer Landidylle, umgeben von einem Naturwald aus Ahorn und Pappeln, verwirklicht: In der Gärtnerei gibt es die unterschiedlichsten Kräuter aus der Region – das daheim zubereitete Essen kann damit individuell bereichert werden. Auch in der Gaststätte auf dem parkähnlichen Gelände werden sie verwendet. Je nach Saison dürfen es natürlich auch Tomaten-, Kürbis- oder Salatpflanzen sein.

Ein heutzutage seltenes, 30 Jahre altes Gärtnereigewächshaus aus Aluminium ist Anlaufstation für alle Fragen rund um Pflanzen und Blumen.

Überhaupt dieses Blumenmeer: Rosen entlang der gesamten Farbskala, Hortensien, Levkojen, Blumen zum Abschneiden und in Töpfen – alles je nach Saison. Viele Besucher kommen auch, um sich Anregungen für die Gestaltung des eigenen Gartens zu holen. Welche Staude könnte passen? Was könnte einem buchstäblich über den Kopf wachsen, welche Pflanze braucht viel Wasser oder verträgt extreme Hitze?

Wer all dies überdenken will, der hat in dem wie nebenbei in die Landschaft gesetzten Gartencafé die beste Gelegenheit dazu. Drinnen im Lokal – oder natürlich auch unter einer schattigen Pergola – kann überdies bekömmlich und vor allen Dingen in unverkrampfter Umgebung gegessen werden. Die Örtlichkeit wird wohl auch deshalb zunehmend für Firmen- oder Privatfeiern gebucht. Die Termine für sommerliche Hochzeiten sind bereits früh im Jahr ausgebucht. Auch die Kultur im engeren Sinne ist im Hesperidengarten gern zu Gast: Nicht nur dass im Gelände wie zufällig die eine oder andere Schrottskulptur steht. Es gibt vielmehr Bildhauer-Workshops, Freilichttheater, anspruchsvolle Musikkonzerte, und die Palette wird ständig erweitert.

Adresse Schnaitterhof 1, 93173 Wenzenbach | Pkw A 93, Regensburg–Hof, Ausfahrt Regensburg-Nord, weiter auf der B 16 Richtung Cham, nach circa 5 Kilometern Ausfahrt Kürn-Gonnersdorf, ab hier den Schildern folgen | Öffnungszeiten während der Sommermonate täglich geöffnet | Tipp In dem verwunschen wirkenden Ort Hauzenstein (Gemeinde Wenzenbach) können Sie das imposante Schloss ansehen – allerdings nur von außen. Das Schloss aus dem 14. Jahrhundert wird von einem kleinen Park umrahmt.

110_Das Kirchenschiff »in stürmischen Gewässern«

Ein viel diskutierter Bau wird akzeptiert

»Da ist schon hitzig diskutiert worden – seinerzeit. Man hat es sich eben gar nicht vorstellen können, hier bei uns.« Ein älterer Mann sitzt auf einer Holzbank vor seinem Bauernhaus gegenüber von St. Peter in Wenzenbach. Kaum ein Kirchenanbau erregt(e) seit den 1990er Jahren so heftig die Gemüter von Gemeinde und Besuchern wie derjenige von St. Peter. Das Vorhaben war aber auch kühn: Das bestehende Langhaus wurde durchbrochen und ein Neubau angebunden. Zwei Kirchen also in einer – »ein Holzverschlag«, so ist auch zu hören.

Entstanden ist auf jeden Fall eine durch und durch ungewöhnliche Komposition in ländlicher Umgebung. Der hinzugefügte Schiffsbug ist eindeutig als neue Struktur ablesbar: Etwa 15 Meter hohe, eng aneinandergereihte Balken bilden einen riesigen Lamellenvorhang. Verwendet ist ausschließlich heimisches Lärchenholz. Die Oberlichtgaden im Anbau sind mit blau getönten Gläsern bestückt. Dadurch entsteht die gewünschte Lichtstimmung eines Andachtsraumes. Farbe, Form und Material gehen in St. Peter eine enge Verbindung ein. So wird der Lärchenholzmantel des neuen Kirchenanbaus um die Westwand des alten Kirchenschiffs geführt und verbindet dadurch Alt und Neu auch äußerlich.

Das in einem Architektenwettbewerb siegreiche Architektenbüro Brückner & Brückner aus Tirschenreuth verwirklichte eine mystische Stimmung des Kirchenraums, die wie »ein himmlisches Kino« wirkt – so heißt es in einer der vielen Lobreden auf das Gotteshaus. Der Innenraum ist konsequent zurückhaltend ausgeformt. Granitbodenbeläge lassen einen Raum in den anderen übergehen – die Formensprache bleibt sachlich-nüchtern. Die Kirchenbesucher sind jederzeit in den Gottesdienst rund um den Altarraum eingebunden. Dies war auch ein Grund für den Anbau: Die durch den Zuzug junger Familien stark angewachsene Gemeinde Wenzenbach wollte Raum schaffen.

Adresse Schönberger Straße 4, 93173 Wenzenbach | **Pkw** A 93, Regensburg – Hof, Ausfahrt Regensburg-Nord, weiter auf der B 16 Richtung Cham. Die Kirche steht in der Ortsmitte von Wenzenbach. | **Öffnungszeiten** in der Regel während des Tages | **Tipp** Jetzt aber in den Hesperidengarten (siehe Seite 226). Natur und französische Küche warten schon!

111 Der Turm für einen Künstler

Erinnerung an Karl Anton Hudetz

Drei Raben im Wappen von Wiesent erinnern an die Familie von Lintelo, die jenes Schloss erbaute, das der Gemeinde heute noch ein eigenständiges Gesicht gibt. Der lang gezogene, nach Süden ausgerichtete Frontalbau stammt aus der Barockzeit. Das Wappen ist auch über dem Eingangstor des einstöckigen Schlosses angebracht. Auch auf dem Dorfbrunnen vor dem Schloss sitzen diese drei schwarzen Vögel. Unübersehbar ragt auf der Ostseite aus der behäbigen Baumasse des Schlosses ein Turm heraus. Er ist nach dem Maler und Grafiker Karl Anton Hudetz benannt. Der zugewanderte Künstler arbeitete und lebte darin bis zu seinem Tod 1977.

Sein Werdegang in Stichworten: Kunstgewerbliche Emaillieranstalt Wien, Schmuckstadt Pforzheim, lange Jahre Passau – enge Freundschaft mit Alfred Kubin, dem bekannten Autor und Grafiker des bayerisch-böhmischen Waldes. Nach seinen Wanderjahren als freier Künstler kam Hudetz 1938 nach Wiesent und mietete sich zusammen mit seiner Frau im Schlossturm ein. Er überzeugte die Einheimischen danach so sehr, dass sie ihn 1970 zum Ehrenbürger ernannten. In der nach und nach vertrauten Umgebung entstanden die meisten seiner heiter-realistischen Werke. Der Kulturpreis Ostbayern war eine der herausragenden Auszeichnungen dafür.

Das Museum ihm zu Ehren wurde von einem privaten Förderkreis angestoßen. Seit der Eröffnung im Jahr 1990 können sich Besucher auf 120 Quadratmetern verschiedene Entwürfe zu Hudetz' religiös inspirierten Arbeiten ansehen. Mehrere Zyklen schmücken heute Kirchenbauten des Bayerischen Waldes. In Wiesent selbst stattete der »Eingemeindete« den Kindergarten mit Jahreszeitbildern aus. Ansichten aus und von »seinem« Turm spielen im Nachlass die herausragende Rolle. Inmitten der oft belächelten Provinz ist in Wiesent ein Künstler heimisch geworden.

Adresse Schlossgasse 1, 93109 Wiesent | Pkw A 3, Regensburg–Passau, Ausfahrt Wörth a. D./Wiesent. Das Schloss steht direkt an der Straße. | Öffnungszeiten So 14–17 Uhr | Tipp Besuchen Sie den Nepal-Himalaya-Pavillon auf der Martiniplatte in Wiesent. Nepal in der Oberpfalz – kaum zu glauben, aber wahr geworden. Infos unter www.nepal-himalaya-pavillon.de.

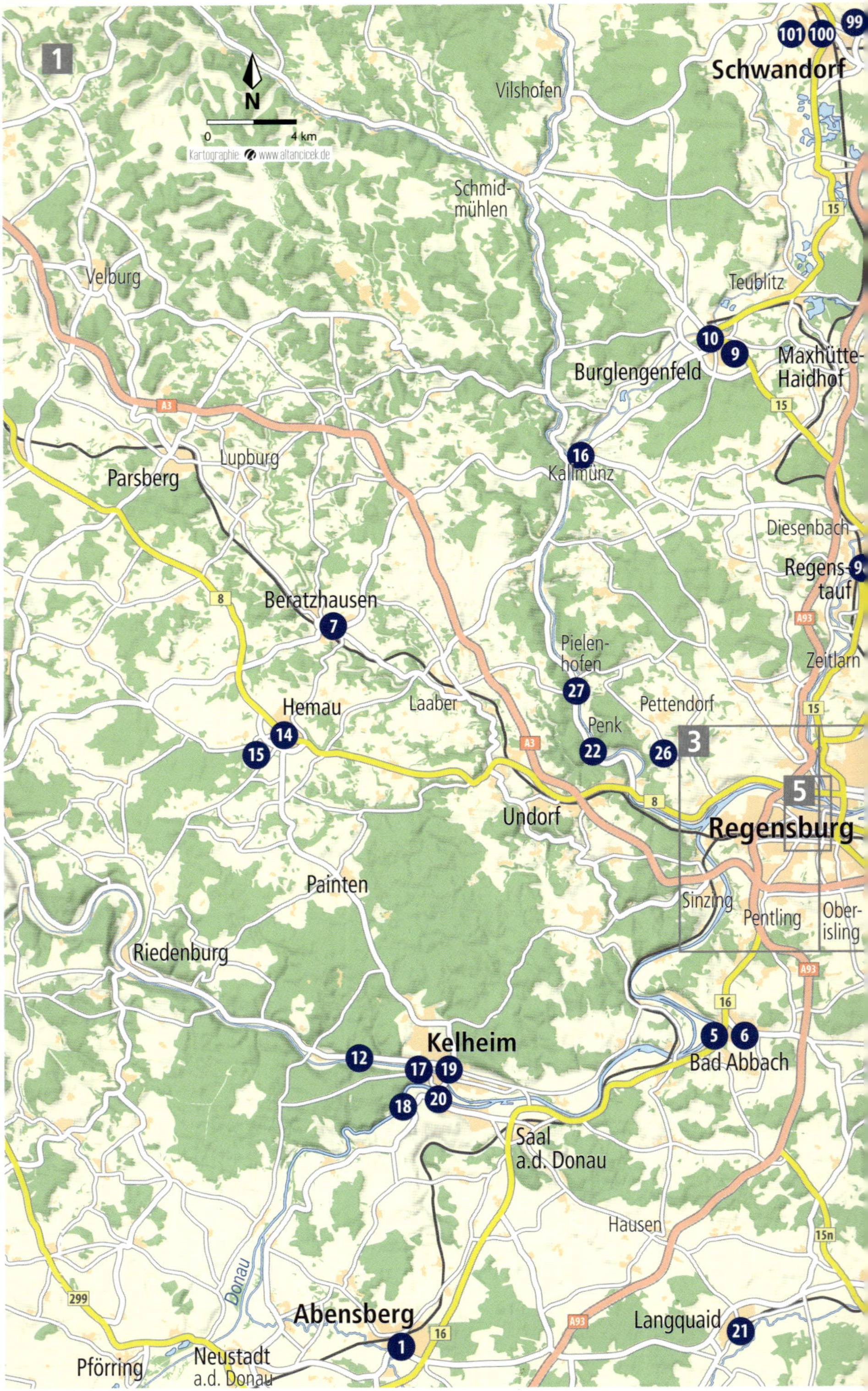
1
N
0
4 km
Kartographie www.altancicek.de
Schwandorf
Vilshofen
Schmid-
mühlen
Velburg
Teublitz
Burglengenfeld
Maxhütte-
Haidhof
Parsberg
Lupburg
Kallmünz
Diesenbach
Regens-
tauf
Beratzhausen
Pielen-
hofen
Zeitlarn
Hemau
Laaber
Pettendorf
Penk
3
5
Undorf
Regensburg
Painten
Sinzing
Pentling
Ober-
isling
Riedenburg
Kelheim
Bad Abbach
Saal
a.d. Donau
Hausen
Donau
Abensberg
Langquaid
Pförring
Neustadt
a.d. Donau
A3
A93
8
15
15n
16
299
1
5
6
7
9
10
12
14
15
16
17
18
19
20
21
22
26
27
99
100
101

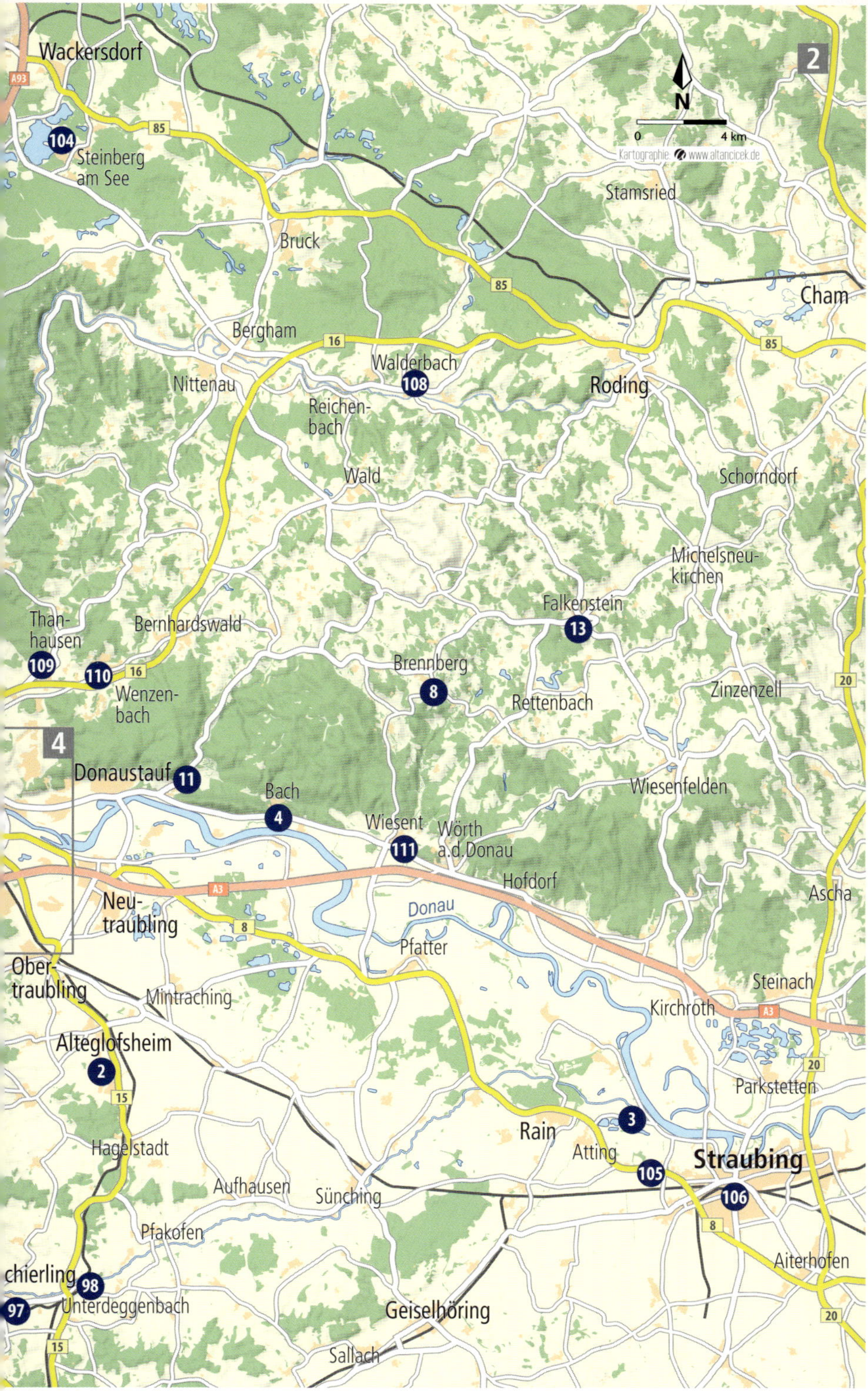
2
N
0
4 km
Kartographie www.altancicek.de
Wackersdorf
A93
104
Steinberg am See
85
Bruck
Stamsried
Cham
Bergham
16
Walderbach
108
Nittenau
Roding
Reichenbach
Wald
Schorndorf
Michelsneukirchen
Falkenstein
13
Thanhausen
Bernhardswald
109
110
Wenzenbach
Brennberg
8
Rettenbach
Zinzenzell
4
Donaustauf
11
Bach
Wiesenfelden
Wiesent
111
Wörth a.d.Donau
Hofdorf
A3
Ascha
Neutraubling
Donau
Pfatter
Obertraubling
Mintraching
Steinach
Kirchroth
Alteglofsheim
2
Parkstetten
15
20
3
Rain
Hagelstadt
Atting
Straubing
105
106
Aufhausen
Sünching
Pfakofen
Aiterhofen
chierling
98
97
Unterdeggenbach
Geiselhöring
Sallach

3
N
0
600 m
Kartographie: www.altancicek.de
LAPPERSDORF
KARETH
A93
5
OBERWINZER
8
Frankenstraße
KNEITING
8
Donau
Donaupark
WESTHEIM
Inselpark
Clermont-Ferrand-Allee
43
86
85
PRÜFENING
Prüfeninger Straße
87
REGENSBURG
GROß-
PRÜFENING
84
89
Kirchmeierstraße
A93
KÖNIGSWIESEN
KUMPFMÜHL
93
RIEGLING
A3
Augsburger Straße
Universitätsstraße
KÖNIGSWIESEN
SÜD
67
A3
Franz-Josef-Strauß-Allee
103
25
95
24
SINZING
Augsburger Straße
GRAß
A93
PENTLING
GRAß-
OBERISLING
MINORITENHOF
102
23
GROßBERG
16

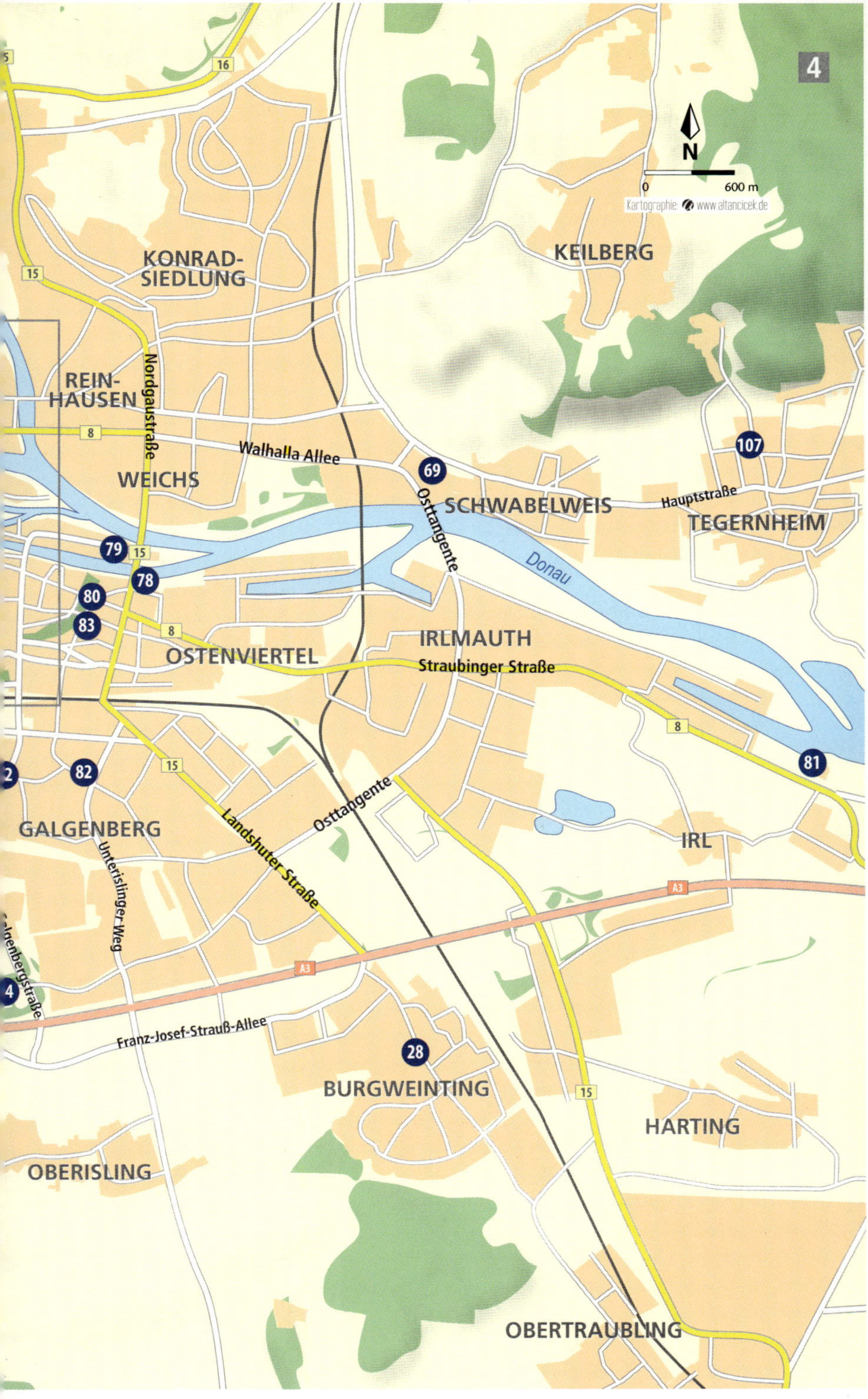
4
N
0
600 m
Kartographie: www.altancicek.de
KONRAD-
SIEDLUNG
KEILBERG
REIN-
HAUSEN
Nordgaustraße
Walhalla Allee
WEICHS
SCHWABELWEIS
Hauptstraße
TEGERNHEIM
Osttangente
Donau
IRLMAUTH
OSTENVIERTEL
Straubinger Straße
GALGENBERG
Landshuter Straße
Osttangente
IRL
Unterislinger Weg
Galgenbergstraße
Franz-Josef-Strauß-Allee
BURGWEINTING
HARTING
OBERISLING
OBERTRAUBLING
A3
8
15
16
69
78
79
80
81
82
83
107
28

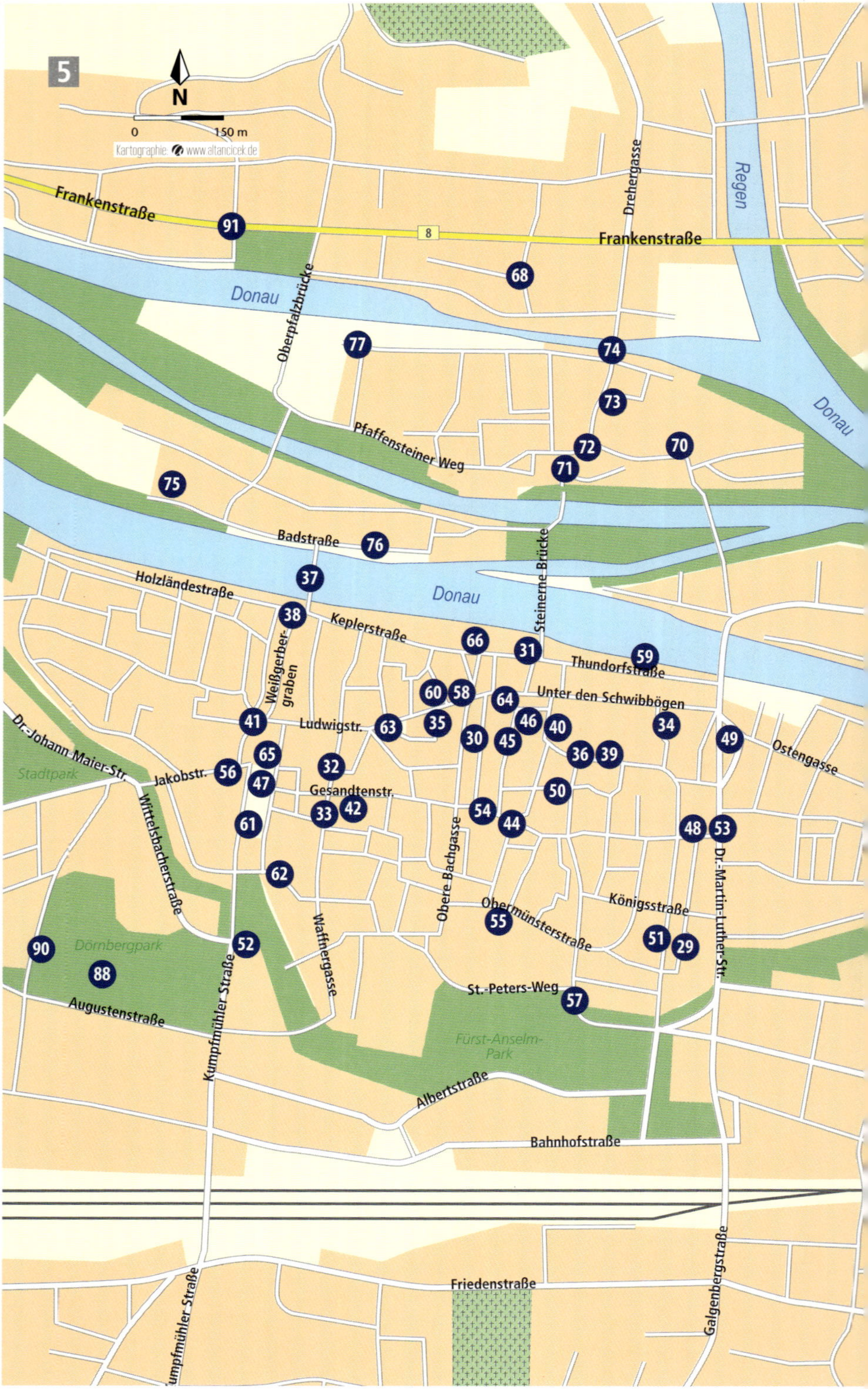

5
N
0
150 m
Kartographie: www.altancicek.de
Frankenstraße
8
Frankenstraße
Drehergasse
Regen
Donau
Oberpfalzbrücke
Donau
Pfaffensteiner Weg
Badstraße
Holzländestraße
Donau
Steinerne Brücke
Keplerstraße
Thundorfstraße
Unter den Schwibbögen
Weißgerbergraben
Ludwigstr.
Ostengasse
Dr.-Johann-Maier-Str.
Stadtpark
Jakobstr.
Gesandtenstr.
Wittelsbacherstraße
Obere Bachgasse
Dr.-Martin-Luther-Str.
Königsstraße
Obermünsterstraße
Waffnergasse
Dörnbergpark
Kumpfmühler Straße
St.-Peters-Weg
Augustenstraße
Fürst-Anselm-Park
Albertstraße
Bahnhofstraße
Friedenstraße
Kumpfmühler Straße
Galgenbergstraße
91 68 77 74 73 72 70 71 75 76 37 38 66 31 59 60 58 64 41 35 63 46 40 34 49 30 45 36 39 65 32 56 47 50 42 33 54 44 48 53 61 62 55 51 29 52 90 88 57

Rüdiger Liedtke
111 Orte auf Mallorca, die man gesehen haben muss
ISBN 978-3-89705-975-7

Peter Eickhoff
111 Orte in Wien, die man gesehen haben muss
ISBN 978-3-89705-969-6

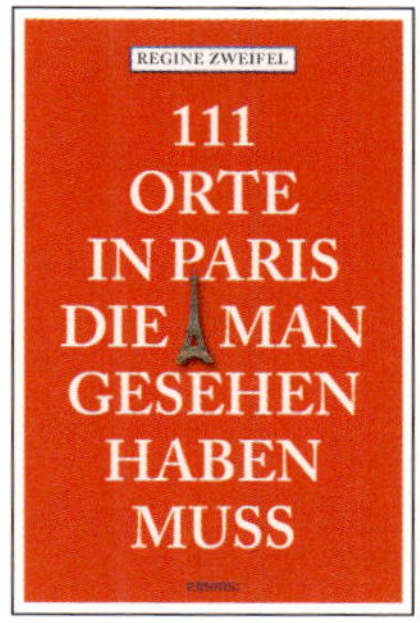

Regine Zweifel
111 Orte in Paris, die man gesehen haben muss
ISBN 978-3-89705-823-1

Carsten Henn
111 deutsche Weine, die man getrunken haben muss
ISBN 978-3-89705-849-1

Gabriele Kalmbach
111 Orte in Dresden, die man gesehen haben muss
ISBN 978-3-89705-909-2

Bernd Imgrund
111 Kölner Orte, die man gesehen haben muss
Band 1
ISBN 978-3-89705-618-3

Bernd Imgrund
111 Kölner Orte, die man gesehen haben muss
Band 2
ISBN 978-3-89705-695-4

Peter Eickhoff
111 Düsseldorfer Orte, die man gesehen haben muss
ISBN 978-3-89705-699-2

Peter Gitzinger
111 Orte im Saarland, die man gesehen haben muss
Band 1
ISBN 978-3-89705-709-8

Peter Gitzinger
111 Orte im Saarland, die man gesehen haben muss
Band 2
ISBN 978-3-89705-886-6

Bernd Imgrund
111 Orte im Kölner Umland, die man gesehen haben muss
ISBN 978-3-89705-777-7

Alexandra und Jobst Schlennstedt
111 Orte an der Ostseeküste, die man gesehen haben muss
ISBN 978-3-89705-824-8

Lucia Jay von Seldeneck, Carolin Huder, Verena Eidel
111 Orte in Berlin, die man gesehen haben muss
ISBN 978-3-89705-853-8

Fabian Pasalk
111 Orte im Ruhrgebiet, die man gesehen haben muss
ISBN 978-3-89705-814-9

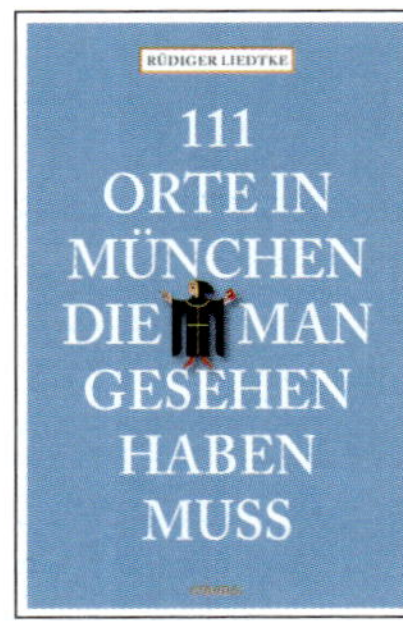

Rüdiger Liedtke
111 Orte in München, die man gesehen haben muss
ISBN 978-3-89705-892-7

Rüdiger Liedtke
111 Orte in München, die man gesehen haben muss
Band 2
ISBN 978-3-95451-043-6

Oliver Schröter
111 Orte in Leipzig, die man gesehen haben muss
ISBN 978-3-89705-910-8

René Förder
111 Orte in Sachsen-Anhalt, die man gesehen haben muss
ISBN 978-3-89705-911-5

Rike Wolf
111 Orte in Hamburg, die man gesehen haben muss
ISBN 978-3-89705-916-0

Thomas Baumann
111 Orte in der Kurpfalz, die man gesehen haben muss
ISBN 978-3-89705-891-0

Gertrud und Joachim Steiger
111 Orte im Odenwald, Spessart und an der Bergstraße, die man gesehen haben muss
ISBN 978-3-89705-945-0

Lisa Graf-Riemann
und Ottmar Neuburger
111 Orte im Berchtesgadener Land, die man gesehen haben muss
ISBN 978-3-89705-961-0

Daniela Bianca Gierok
und Ralf H. Dorweiler
111 Orte im Schwarzwald, die man gesehen haben muss
ISBN 978-3-89705-950-4

Lucia Jay von Seldeneck,
Carolin Huder, Verena Eidel
111 Orte in Berlin, die Geschichte erzählen
ISBN 978-3-95451-039-9

Stefanie Jung
111 Orte in Mainz, die man gesehen haben muss
ISBN 978-3-95451-041-2

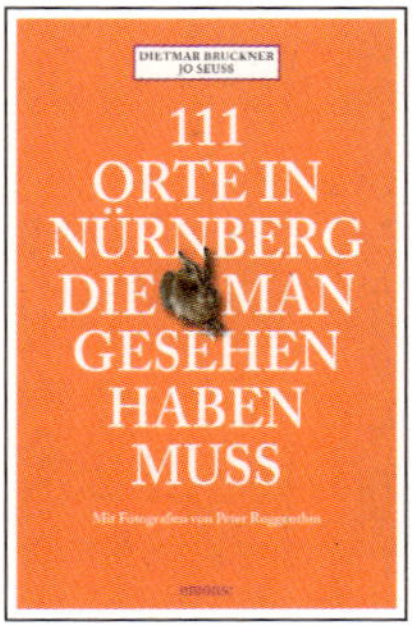

Dietmar Bruckner, Jo Seuß
111 Orte in Nürnberg, die man gesehen haben muss
ISBN 978-3-95451-042-9

Oliver Schröter
111 Orte in Sachsen, die man gesehen haben muss
ISBN 978-3-95451-021-4

Der Autor bedankt sich für die kritische Durchsicht der Manuskripte bei dem Regensburger Stadtheimatpfleger Dr. Werner Chrobak. Eine wertvolle Hilfe war auch meine Tochter Sonja Vogel.
Nicht zuletzt hat Christina Kuhn als Lektorin die Publikation sehr aufmerksam und konstruktiv begleitet.

Der Autor

Reiner Vogel, Jahrgang 1953, arbeitet seit 1979 als Rundfunkjournalist und Autor in Regensburg. Ein Schwerpunkt seiner Reportertätigkeit war – neben dem politischen – immer auch das kulturelle Leben in der Region Niederbayern/Oberpfalz. Seine Heimatstadt Regensburg ist dabei eine wahre Fundgrube an lebendiger Geschichte. Der leidenschaftliche Altstadt-Spaziergänger kennt die Winkel und Histörchen abseits von Dom und Steinerner Brücke wie wenige andere.

Der Fotograf

Maximilian Raab, begeisterter Hobbyfotograf, lernte insbesondere während seiner langjährigen Tätigkeit als Baujurist bei der Stadtverwaltung Regensburg seine Heimatstadt lieben und entdeckt fast täglich verborgene Schönheiten der Stadt und ihrer Umgebung.